Ζουζάρισμα
Ένα γαστρ   ταξίδι στις νοτιοδυτικές γεύσεις

100 ΦΡΕΣΚΕΣ ΚΑΙ ΑΥΘΕΝΤΙΚΕΣ ΣΥΝΤΑΓΕΣ

Άννα Ασλανίδη

Υλικό πνευματικών δικαιωμάτων ©202 3

Όλα τα δικαιώματα διατηρούνται

Χωρίς την κατάλληλη γραπτή συγκατάθεση του εκδότη και του κατόχου των πνευματικών δικαιωμάτων, αυτό το βιβλίο δεν μπορεί να χρησιμοποιηθεί ή να διανεμηθεί με οποιονδήποτε τρόπο, σχήμα ή μορφή, εκτός από σύντομες αναφορές που χρησιμοποιούνται σε μια κριτική. Αυτό το βιβλίο δεν πρέπει να θεωρείται υποκατάστατο ιατρικών, νομικών ή άλλων επαγγελματικών συμβουλών.

ΠΙΝΑΚΑΣ ΠΕΡΙΕΧΟΜΕΝΩΝ

ΠΙΝΑΚΑΣ ΠΕΡΙΕΧΟΜΕΝΩΝ.................3
ΕΙΣΑΓΩΓΗ.................7
ΣΝΑΚ.................9
1. Γλυκοπατάτες ψητές-σκόρδο.................10
2. Ψητό κουνουπίδι.................12
3. Ψητά καρότα.................14
4. Συνοδευτικό Pozole.................16
5. Κάκτος φραγκόσυκο στη σχάρα.................18
6. Χιλής Άνχος Ρελένος.................20
7. Δεντρολίβανο ψητές πατάτες με μαύρα φασόλια....23
8. Ομελέτα από μοσχαρίσιο πλατανό.................26
9. Ψωμάκια ρυζιού.................29
ΚΥΡΙΟ ΠΙΑΤΟ.................31
10. Κοτόπουλο σε σάλτσα αμυγδάλου.................32
11. Μπακαλιάρος au gratin.................35
12. μεξικάνικα φασόλια.................38
13. Τηγανητό ψάρι με σάλτσα.................40
14. Βοδινό κρέας κατσαρόλας.................43
15. Μεξικάνικη σούπα μαύρων φασολιών.................46
16. Μεξικάνικο caldo gallego.................48
17. Μεξικάνικα ρεβίθια.................51
18. Μεξικάνικο κοτόπουλο με ρύζι.................54
19. Μεξικάνικο χοιρινό και φασόλια.................57
20. Μεξικάνικα κόκκινα φασόλια και ρύζι.................59
21. Μεξικάνικο ρύζι με κοτόπουλο.................61
22. Μεξικάνικο ρύζι με αρακά περιστεριών.................65
23. Μεξικάνικη γαλοπούλα.................68
24. Μεξικάνικα θαλασσινά asopado.................70
25. Σπιτικό vegan chorizo.................73
26. Κρεμώδη ζυμαρικά Chipotle.................76
27. Jackfruit Vegan Pozole Rojo.................78
28. Μεξικάνικη σούπα «κεφτέ».................81

29. Τυφλοπόντικα chilaquiles με χόρτα και φασόλια..84
30. Torta Ahogada..87
31. Μεξικάνικα φασόλια καουμπόη.......................90
32. Μεξικάνικο καστανό ρύζι................................93
33. Arroz a la Mexicana......................................96
34. Ρύζι σαφράν...99
35. Arroz Huerfano...102
36. Frijoles de Olla (φασόλια κατσαρόλας).............104
37. Charro ή μεθυσμένα φασόλια.......................106
38. Frijoles Refritos (τηγανητά φασόλια)...........108
39. Φασόλια τύπου Santa Maria........................110
ΡΑΤΖΑΣ..113
40. Seed Rajas..114
41. Καραμελωμένα Rajas..................................116
42. Rajas πιπεριάς..118
43. Κρεμώδη ράτζας..120
44. Rajas και μανιτάρια....................................122
ΤΑΚΟΣ..124
45. Rajas con Crema Tacos...............................125
46. Τίνγκα τάκος γλυκοπατάτας και καρότου..........127
47. Πατάτα και Chorizo Tacos.........................130
48. Καλοκαιρινές Calabacitas Tacos................132
49. Πικάντικα κολοκυθάκια και τάκος μαύρα φασόλια
....134
50. Μοσχαρίσιο τάκος βουβαλίσιου...................137
51. Περιτυλίγματα τάκο βοείου κρέατος...........140
52. Ψητό μοσχαρίσιο taco τύπου καρνίτας........142
53. Μικροσκοπικές τάρτες μοσχάρι taco...........146
54. Ένα τηγάνι με τυρί τάκο............................150
55. Φούστα μπριζόλα street tacos......................153
ΣΟΥΠΕΣ ΚΑΙ ΣΑΛΑΤΕΣ......................................156
56. Σόπα Ταράσκα...157
57. Μαύρη φασολάδα..160

58. Σούπα τύπου Tlapan..163
59. σούπα Puebla..166
60. Πατατοσαλάτα..169
61. Σαλάτα τεκίλα-παρασκευαστή..................................172
62. Ensalada de col...175
Τοστάδας..177
63. Βασικές τοστάδες..178
64. Πατάτα Γορδίτας..180
65. Τοστάδες με μοσχάρι...183
66. Τοστάδα κοτόπουλου Chipotle................................186
67. Παγωτό γάλα καρύδας tostada sundae....................189
68. Γαρίδες τοστάδες με γκουακαμόλε..........................191
ΕΠΙΔΟΡΠΙΟ..194
69. Flan de queso..195
70. Μεξικάνικη φραντζόλα κρέατος..............................197
71. Παλέτα καρπούζι...199
72. Carlota de Limon...201
73. Μανγκό και σαμούι..203
74. Μους σοκολάτας..206
75. Μπανάνες και μανταρίνι με σάλτσα βανίλιας...........209
76. Sorbete de Jamaica..211
77. Ψητά μάνγκο...213
78. Γρήγορη πουτίγκα φρούτων...................................216
79. Ψητές μπανάνες σε σάλτσα καρύδας......................218
80. Σορμπέ μάνγκο..220
81. Φλαν...222
ΣΥΝΘΗΚΕΣ...225
82. Σάλτσα κόλιανδρου..226
83. Μεξικάνικη σκόνη adobo..228
84. Μεξικάνικο πράσινο σοφρίτο..................................230
85. Τρίψιμο χοιρινού σε μεξικάνικο στυλ......................233
86. ντιπ λαχανικών..235
87. Βουτιά Βαγιάρτα..237

88. Καρύκευμα τάκο..239
89. Σάλσα φρέσκιας ντομάτας-καλαμποκιού..............241
90. Λευκό φασόλι Guacamole..243
ΠΟΤΟ...245
91. Χαμηλές θερμίδες Smoothie Κάκτου.....................246
92. Ατόλε..248
93. Champurrado...250
94. Aguas Frescas..252
95. Horchata de Melón...254
96. Σανγκρίτα..256
97. Αυγολέμονο καρύδας...258
98. Μεξικάνικο αυγολέμονο..260
99. Μεξικάνικο μοχίτο..262
100. Καπουτσίνο μεξικάνικο ρούμι.................................265
ΣΥΜΠΕΡΑΣΜΑ...267

ΕΙΣΑΓΩΓΗ

Καλώς ήρθατε στο "Ζουζάρισμα Τεξ-Μεξ: A Culinary Journey through Southwestern Flavors"! Αυτό το βιβλίο μαγειρικής σας προσκαλεί να ξεκινήσετε μια συναρπαστική γαστρονομική περιπέτεια, εξερευνώντας τον ζωντανό και δελεαστικό κόσμο της κουζίνας του Tex-Mex. Με τη συγχώνευση γεύσεων από το Τέξας και το Μεξικό, αυτό το μοναδικό γαστρονομικό στυλ συνδυάζει τα καλύτερα και των δύο κόσμων, με αποτέλεσμα ένα λαχταριστό μείγμα καπνιστών, πικάντικων και αλμυρών πιάτων που θα ενθουσιάσουν τους γευστικούς σας κάλυκες.

Σε αυτό το βιβλίο μαγειρικής, θα σας ταξιδέψουμε σε μια γαστρονομική περιήγηση στο Tex-Mex, παρουσιάζοντας μια μεγάλη ποικιλία συνταγών που αντικατοπτρίζουν την πλούσια πολιτιστική κληρονομιά και τις γαστρονομικές παραδόσεις της Νοτιοδυτικής Αμερικής. Είτε είστε έμπειρος σεφ είτε αρχάριος στην κουζίνα, αυτό το βιβλίο έχει κάτι για όλους. Από τα χορταστικά τσίλι και τα τσιριχτάρικα fajitas μέχρι τις τυρώδεις enchiladas και τις ζουμερές σάλσες, κάθε συνταγή έχει δημιουργηθεί προσεκτικά για να διασφαλίζεται η αυθεντικότητα και η νοστιμιά.

Σε όλες τις σελίδες του "Ζουζάρισμα Τεξ-Μεξ", όχι μόνο θα σας παρέχουμε οδηγίες βήμα προς βήμα για τη δημιουργία λαχταριστών πιάτων, αλλά και θα μοιραστούμε συναρπαστικές ιστορίες και ιδέες για την προέλευση και τις επιρροές πίσω από αυτήν την αγαπημένη κουζίνα. Θα ανακαλύψετε τα βασικά συστατικά που ορίζουν το Tex-Mex, θα μάθετε για τις τεχνικές που χρησιμοποιούνται για την επίτευξη αυτών των τολμηρών γεύσεων και θα αποκτήσετε πολύτιμες συμβουλές για την προσαρμογή των συνταγών σύμφωνα με τις προτιμήσεις σας.

Πιάσε, λοιπόν, την ποδιά σου και ετοιμάσου να φέρεις το πνεύμα της Νοτιοδυτικής στην κουζίνα σου. Είτε διοργανώνετε μια εορταστική συγκέντρωση, είτε ετοιμάζετε ένα δείπνο το βράδυ της εβδομάδας είτε απλά λαχταράτε να δοκιμάσετε τη φλογερή και γευστική κουζίνα του Tex-Mex, αυτό το βιβλίο μαγειρικής θα είναι ο αξιόπιστος σύντροφός σας. Αφήστε τα αρώματα του κύμινου, των πιπεριών τσίλι και του φρέσκου κόλιανδρου να γεμίσουν το σπίτι σας καθώς εμβαθύνετε στους γαστρονομικούς θησαυρούς του "Ζουζάρισμα Τεξ-Μεξ" και ξεκινήστε ένα ταξίδι γαστρονομικής απόλαυσης.

ΣΝΑΚ

1. <u>Γλυκοπατάτες ψητές-σκόρδο</u>

4 μερίδες

Συστατικά
- 1-1/2 κιλό μη αποφλοιωμένες γλυκοπατάτες, κομμένες σε κομμάτια 1/2 ίντσας
- 12 σκελίδες σκόρδο, καθαρισμένες και κομμένες στη μέση
- 1 κουταλιά της σούπας έξτρα παρθένο ελαιόλαδο
- 1-2 κουταλιές της σούπας κιμά Serrano ή jalapeño chile 3/4 κουταλάκι του γλυκού αποξηραμένο θυμάρι 1/2 κουταλάκι του γλυκού αλάτι kosher
- 1/2 κουταλάκι του γλυκού πιπέρι

Κατευθύνσεις
a) Προθερμάνετε το φούρνο και το τηγάνι σας. Τοποθετήστε ένα αντικολλητικό τηγάνι 12 ιντσών ή ένα κατσαρολάκι αρκετά μεγάλο για να κρατήσετε τις πατάτες σε ένα μόνο στρώμα στο φούρνο, ρυθμίστε τη φωτιά στους 375°F και ζεστάνετε το τηγάνι για 30 λεπτά.
b) Ανακατεύουμε τα υλικά. Όσο ζεσταίνεται το τηγάνι, ανακατεύουμε όλα τα υλικά σε ένα μπολ.
c) Ψήνουμε τις πατάτες. Βγάζετε το ζεστό τηγάνι από το φούρνο και αμέσως μοιράζετε ομοιόμορφα τα ανακατεμένα υλικά. Βάλτε το τηγάνι στο φούρνο και ψήστε τις πατάτες για 45 λεπτά, ανακατεύοντας κάθε 15 λεπτά, ώστε να ψηθούν ομοιόμορφα.

2. Ψητό κουνουπίδι

4 μερίδες

Συστατικά
- 1 πολύ μεγάλο κεφάλι κουνουπίδι (περίπου 1 λίβρα 6 ουγκιές μετά το κούρεμα), κομμένο σε μπουκίτσες διαμέτρου 1-3 ίντσες
- 1-1/2 κουταλιές της σούπας έξτρα παρθένο ελαιόλαδο
- Φρεσκοτριμμένο μαύρο πιπέρι, για γεύση
- 8 σκελίδες σκόρδο, χοντροκομμένες
- 2 κουταλιές της σούπας κατσικίσιο τυρί ή υποκατάστατο παρμεζάνας

Κατευθύνσεις
a) Προθερμάνετε το φούρνο σας στους 375°F.
b) Ετοιμάζουμε και καβουρδίζουμε το κουνουπίδι. Τοποθετήστε τις μπουκίτσες σε ένα ταψί που θα τις χωρέσει σε μία στρώση, με τους μίσχους προς τα επάνω.
c) Προσθέστε το ελαιόλαδο, το πιπέρι και το μισό σκόρδο και τη φρυγανιά. Ψήνουμε για 25 λεπτά.
d) Αν το κουνουπίδι έχει ροδίσει από κάτω, το γυρίζουμε έτσι ώστε η ροδισμένη πλευρά να είναι προς τα πάνω. Αν δεν ροδίσει ακόμα στον πάτο, συνεχίστε το ψήσιμο μέχρι να ροδίσει, μετά αναποδογυρίστε το και προσθέστε το υπόλοιπο σκόρδο. Χαμηλώστε τη φωτιά στους 350°F και συνεχίστε το ψήσιμο μέχρι το κουνουπίδι να μαλακώσει και να ροδίσει καλά, 20-25 λεπτά ή συνολικά 45-55 λεπτά.
e) Τελειώστε το πιάτο. Όταν το κουνουπίδι είναι τρυφερό και ροδίσει, το βγάζουμε από το φούρνο και πασπαλίζουμε αμέσως το τυρί.

3. Ψητά καρότα

4 μερίδες

Συστατικά
- 1-1/2 κιλό καρότα, καθαρισμένα και κομμένα σε κομμάτια
- 6 σκελίδες σκόρδο, ξεφλουδισμένες και κομμένες
- 1-1/2 κουταλιές της σούπας έξτρα παρθένο ελαιόλαδο
- 1/4 γεμάτη κουταλάκι του γλυκού αποξηραμένο θυμάρι
- Φρεσκοτριμμένο μαύρο πιπέρι, για γεύση
- 1/4 γεμάτη κουταλάκι του γλυκού αλάτι

Κατευθύνσεις
a) Προθερμάνετε το φούρνο σας στους 400°F.
b) Βάλτε τα καρότα σε ένα σιδερένιο τηγάνι 12 ιντσών ή σε ένα ταψί αρκετά μεγάλο για να τα κρατήσει σε ένα μόνο στρώμα. Ανακατεύουμε με τα υπόλοιπα υλικά, σκεπάζουμε καλά το τηγάνι με αλουμινόχαρτο και ψήνουμε για 30 λεπτά. Αφαιρούμε το αλουμινόχαρτο και συνεχίζουμε το ψήσιμο για 20 λεπτά.
c) Ανακατεύουμε και ψήνουμε άλλα 5-10 λεπτά ή μέχρι να ροδίσουν καλά τα καρότα.

4. Συνοδευτικό Pozole

Περίπου 10 μερίδες

Συστατικά
- 1-1/2 φλιτζάνια αποξηραμένο ομίνι
- 1/2 φλιτζάνι ψιλοκομμένα κρεμμύδια
- 1/2 φλιτζάνι ψητά, ξεφλουδισμένα και ψιλοκομμένα φρέσκα πράσινα τσίλι New Mexico, Anaheim ή Poblano
- 1 κουταλάκι του γλυκού αποξηραμένο φύλλο ρίγανης
- 1/4 φλιτζάνι ψιλοκομμένη ντομάτα
- 3/4 κουταλάκι του γλυκού αλάτι
- 1/2 κουταλάκι του γλυκού φρεσκοτριμμένο μαύρο πιπέρι

Κατευθύνσεις
a) Μουσκέψτε το ομίνι. Την ημέρα πριν σκοπεύετε να σερβίρετε το Pozole, βάλτε το hominy σε ένα μπολ, καλύψτε το με αρκετές ίντσες νερό και αφήστε το να μουλιάσει σε θερμοκρασία δωματίου για 24 ώρες.
b) Μαγειρέψτε το Pozole. Στραγγίζουμε το ομίνι και πετάμε το νερό που μουλιάζει. Ξεπλύνετε το ομίνι, το βάζετε σε μια κατσαρόλα και το σκεπάζετε με 2 ίντσες νερό. Αφήστε να πάρει μια βράση, προσθέστε τα υπόλοιπα υλικά και σιγοβράστε, μερικώς σκεπασμένο, μέχρι οι πυρήνες να είναι al dente και να φαίνονται έτοιμοι να σκάσουν, περίπου 2-2-1/2 ώρες.
c) Ξεσκεπάζουμε την κατσαρόλα και συνεχίζουμε το βράσιμο μέχρι να εξατμιστούν σχεδόν όλα τα υγρά.

5. Κάκτος φραγκόσυκο στη σχάρα

4 μερίδες

Συστατικά
- 4 μεσαίου μεγέθους αλλά λεπτά κουπιά φραγκόσυκου
Αλάτι
- σπρέι μαγειρικής

Κατευθύνσεις
a) Ξεκινήστε μια φωτιά με κάρβουνα ή ξύλα ή προθερμάνετε μια σχάρα αερίου στο υψηλότερο σημείο.
b) Ετοιμάστε τον κάκτο. Αφαιρέστε τυχόν αγκάθια ή κόμπους από τα κουπιά με ένα μαχαίρι καθαρισμού ή την άκρη ενός αποφλοιωτή λαχανικών, χρησιμοποιώντας λαβίδες και μεγάλη προσοχή για να μην τραυματιστείτε από τις ράχες. Κόψτε και πετάξτε περίπου 1/4 ίντσας από την περίμετρο κάθε κουπί. Κάντε παράλληλες φέτες στα κουπιά κατά μήκος περίπου 1 ίντσα μεταξύ τους, από τις στρογγυλεμένες κορυφές έως περίπου 2 ίντσες από τη βάση κάθε κουπιού. Ρίξτε τα κουπιά με αρκετό αλάτι ώστε να καλύψει και τις δύο πλευρές και αφήστε τα να καθίσουν για 15 λεπτά σε ένα σουρωτήρι ή σε ένα πιάτο.
c) Ψήστε τον κάκτο στη σχάρα. Ξεπλύνετε το αλάτι, στεγνώστε τον κάκτο και ψεκάστε άφθονα και τις δύο πλευρές με μαγειρικό σπρέι. Ψήστε και από τις δύο πλευρές μέχρι να μαλακώσουν και σερβίρετε με ψητά.

6. Χιλής Άνχος Ρελένος

4 μερίδες

Συστατικά
Για τις τσίλιες
- 1 κουταλιά της σούπας λάδι
- 2 φλιτζάνια λευκό κρεμμύδι κομμένο σε λεπτές φέτες
- 3 σκελίδες σκόρδο, ξεφλουδισμένες και κομμένες
- 2 κουταλιές της σούπας πάστα ταμαρίνδου διαλυμένα σε 2 φλιτζάνια ζεστό νερό
- 1 φλιτζάνι melao (σιρόπι από ζαχαροκάλαμο) ή καστανή ζάχαρη
- 1/2 κουταλάκι του γλυκού αποξηραμένο φύλλο ρίγανης
- 1/2 κουταλάκι του γλυκού αποξηραμένο θυμάρι
- 1/2 κουταλάκι του γλυκού αλάτι
- 8 μεσαία έως μεγάλα τσίλι αντσό, κομμένα στη μία πλευρά, αφαιρεμένα τους σπόρους

Για τη γέμιση
- 4 φλιτζάνια γλυκοπατάτες ψητές-σκόρδο
- Ψητά καρότα
- 2 ουγγιές κατσικίσιο τυρί, τριμμένο
- Ρίξε αλάτι
- 2 κουταλάκια του γλυκού εξαιρετικό παρθένο ελαιόλαδο

Κατευθύνσεις
α) Ετοιμάστε τα τσίλι. Ζεσταίνουμε το λάδι σε χαμηλή προς μέτρια φωτιά σε μια μεσαίου μεγέθους κατσαρόλα. Προσθέστε το κρεμμύδι και μαγειρέψτε μέχρι να ροδίσει ελαφρά. Προσθέστε το σκόρδο και μαγειρέψτε άλλο ένα λεπτό.

b) Ανακατεύουμε με το νερό με γεύση ταμαρίνδου, το μελάο, τη ρίγανη, το θυμάρι και το αλάτι.

c) Προσθέστε τα τσίλι, σκεπάστε και μαγειρέψτε σε χαμηλή φωτιά για 10 λεπτά. Αποσύρουμε το τηγάνι από τη φωτιά, ξεσκεπάζουμε και κρυώνουμε για τουλάχιστον 10 λεπτά.

d) Φτιάχνουμε τη γέμιση. Όσο κρυώνουν τα τσίλι, συνδυάστε τις γλυκοπατάτες και/ή τα καρότα και το queso fresco ή το panela. Χτυπάμε το αλάτι, το λάδι και το ρίχνουμε με τα λαχανικά.

e) Γεμίζουμε και σερβίρουμε τα τσίλι. Χρησιμοποιώντας μια μεγάλη τρυπητή κουτάλα, αφαιρέστε τα τσίλι σε ένα σουρωτήρι και στραγγίστε τα για 5 λεπτά.

f) Ρίξτε προσεκτικά το 1/4 φλιτζάνι από τη γέμιση σε κάθε τσίλι και βάλτε 2 σε κάθε ένα από τα τέσσερα πιάτα. Ρίξτε λίγο από τα κρεμμύδια πάνω από κάθε μερίδα και από πάνω το τυρί. Σερβίρετε σε θερμοκρασία δωματίου.

7. Δεντρολίβανο ψητές πατάτες με μαύρα φασόλια

4 μερίδες

Συστατικά
- 1/4 φλιτζάνι έξτρα παρθένο ελαιόλαδο
- 3 σκελίδες σκόρδο, χωρίς τη φλούδα
- 3 κουταλιές της σούπας φύλλα φρέσκου δεντρολίβανου
- 2/3 φλιτζάνι νερό
- Σαρώστε 1/4 κουταλάκι του γλυκού αλάτι
- 12 ουγγιές russet ή χρυσές πατάτες Yukon, κομμένες σε κομμάτια 3/4 ιντσών
- 2 τσίλι jalapeño, οι σπόροι και οι φλέβες αφαιρέθηκαν, κομμένες σε γύρους πάχους 1/8 ίντσας
- 1 φλιτζάνι μαύρα φασόλια μαγειρεμένα και ξεπλυμένα
- 2 ντομάτες Roma, κομμένες σε κομμάτια 1/2 ίντσας
- 1 μεγάλο αβοκάντο, κομμένο σε κομμάτια 1/2 ίντσας
- 1/4 φλιτζάνι κόλιαντρο ψιλοκομμένο
- 3/4 φλιτζανιού τριμμένο, μέρος αποβουτυρωμένο γάλα
- Κατσικίσιο τυρί
- 2 κουταλιές της σούπας καυτερή σάλτσα, όπως η Sriracha
- 1/4 φλιτζάνι κρέμα γάλακτος ή τοφούτι

Κατευθύνσεις
α) Φτιάξτε το αρωματισμένο λάδι. Βάλτε το λάδι, το σκόρδο και το δεντρολίβανο σε ένα δοχείο κατάλληλο για φούρνο μικροκυμάτων και ψήστε τα για 30 δευτερόλεπτα στο High. Περιμένετε 15 δευτερόλεπτα και επαναλάβετε.

b) Αφήστε το πιάτο να καθίσει, σκεπασμένο, σε θερμοκρασία δωματίου για 2-3 ώρες, στη συνέχεια στραγγίστε το λάδι σε ένα άλλο πιάτο, πετάτε το σκόρδο και το δεντρολίβανο. Ανακατεύουμε με το νερό, αλατίζουμε και κρατάμε.

c) Ψήνουμε τις πατάτες. Προθερμάνετε το φούρνο σας στους 425°F. Τοποθετήστε τις πατάτες σε ένα τηγάνι από χυτοσίδηρο 9 ιντσών ή παρόμοιο σκεύος κατάλληλο για φούρνο, προσθέστε το μείγμα λαδιού-νερού και αφήστε τις να σιγοβράσουν σε μέτρια προς δυνατή φωτιά. Βάζουμε το τηγάνι στο φούρνο για 30 λεπτά.

d) Βγάζετε από το φούρνο, προσθέτετε τα στρογγυλά jalapeño, γυρίζετε τις πατάτες και ψήνετε για άλλα 15 λεπτά ή μέχρι να ροδίσουν οι πατάτες.

e) Ανακατεύουμε τα λαχανικά. Ενώ οι πατάτες ψήνονται, σε ένα μπολ συνδυάστε τα μαύρα φασόλια, τις ντομάτες, το αβοκάντο και τον κόλιανδρο και κρατήστε το. Τελειώστε το πιάτο. Μοιράζετε τις πατάτες σε τέσσερα πιάτα, ρίχνετε από πάνω ίσες μερίδες από το μείγμα λαχανικών και γαρνίρετε με το τυρί, την καυτερή σάλτσα και την κρέμα γάλακτος ή το τοφούτι.

8. Ομελέτα από μοσχαρίσιο πλατανό

Απόδοση: 4 μερίδες

Συστατικό
- 3 Πολύ ώριμα πλατάνια
- Λάδι για τηγάνισμα
- 1 Κρεμμύδι; ψιλοκομμένο
- ½ πράσινο πιπέρι; ψιλοκομμένο
- 2 Σκελίδες σκόρδο
- ½ κιλά μοσχαρίσιος κιμάς (συνήθως τρώω)
- ¼ φλιτζάνι Σάλτσα ντομάτας
- 1 κουταλιά της σούπας Κάπαρη
- 1 κουταλιά της σούπας Πράσινες ελιές κομμένες σε φέτες (προαιρετικά)
- Αλατοπίπερο
- ½ κιλά φασολάκια; φρέσκο ή κατεψυγμένο, κομμένο σε κομμάτια 3 ιντσών
- 6 Αυγά
- ¼ φλιτζάνι Βούτυρο

Κατευθύνσεις
a) Ξεφλουδίστε τα πλατάνια, κόψτε σε φέτες πάχους 2 ιντσών κατά μήκος και τηγανίστε σε λάδι μέχρι να ροδίσουν. Αφαιρούμε, στραγγίζουμε και διατηρούμε ζεστό. Σε ένα τηγάνι σοτάρουμε το κρεμμύδι, την πράσινη πιπεριά και το σκόρδο μέχρι να μαλακώσουν αλλά όχι να ροδίσουν.
b) Προσθέτουμε τον κιμά και τηγανίζουμε σε δυνατή φωτιά για 3 λεπτά.
c) Ρίχνουμε τη σάλτσα ντομάτας και προσθέτουμε την κάπαρη και τις ελιές, αν θέλουμε.
d) Μαγειρέψτε για 15 λεπτά σε μέτρια φωτιά, ανακατεύοντας κατά διαστήματα. Καρικέψτε με αλάτι και

πιπέρι βάσει της γεύσης σας. Πλένουμε τα αμπελοφάσουλα και τα βράζουμε στον ατμό μέχρι να μαλακώσουν. Χτυπάμε τα αυγά, προσθέτουμε αλάτι και πιπέρι κατά βούληση. Βουτυρώνουμε τα πλαϊνά και τον πάτο μιας στρογγυλής κατσαρόλας και λιώνουμε το υπόλοιπο βούτυρο στον πάτο. Ρίχνουμε μέσα τα μισά χτυπημένα αυγά και μαγειρεύουμε σε μέτρια φωτιά για περίπου 1 λεπτό ή μέχρι να δέσει ελαφρώς.

e) Καλύπτουμε τα αυγά με το ένα τρίτο των φετών πλανού, ακολουθούμενα με στρώσεις από τον μισό κιμά και τα μισά αμπελοφάσουλα. Προσθέστε άλλη μια στρώση plantains, τον υπόλοιπο μοσχαρίσιο κιμά, μια άλλη στρώση φασόλια και από πάνω πασπαλίστε. Ρίχνουμε από πάνω τα υπόλοιπα αυγά χτυπημένα.

f) Μαγειρέψτε σε χαμηλή φωτιά για 15 λεπτά, ακάλυπτα, προσέχοντας να μην καεί η ομελέτα.

g) Στη συνέχεια, τοποθετήστε το σε προθερμασμένο φούρνο στους 350 βαθμούς για 10 με 15 λεπτά για να ροδίσει η επιφάνεια.

h) Σερβίρουμε με ρύζι και φασόλια. Εξαιρετικό για μεσημεριανό γεύμα.

9. Ψωμάκια ρυζιού

Απόδοση: 24 κουλούρια

Συστατικό
- 2 κούπες Γάλα
- 2 ουγγιές Βούτυρο
- ¾ κουταλάκι του γλυκού Αλας
- 2 κούπες Πολύ καλό ρύζι-γεύμα
- 2 κουταλάκια του γλυκού μπέικιν πάουντερ
- 3 Αυγά
- ½ κιλά Απαλό λευκό τυρί
- Λαρδί ή φυτικό λάδι για βαθύ τηγάνισμα

Κατευθύνσεις
a) Συνδυάστε το ρύζι-άλευρο και το μπέικιν πάουντερ και ανακατέψτε με το περιεχόμενο σε μια κατσαρόλα. Προσθέτουμε τα αυγά ΕΝΑ-ΦΟΡΑ και ανακατεύουμε.
b) Μαγειρέψτε σε μέτρια φωτιά, ανακατεύοντας συνεχώς με μια ξύλινη κουτάλα, μέχρι να ξεχωρίσει το μείγμα από τα πλαϊνά και τον πάτο της κατσαρόλας.
c) Αποσύρουμε από τη φωτιά. Πολτοποιούμε το τυρί με το πιρούνι και προσθέτουμε. Ανακατεύουμε καλά.
d) Ρίξτε το μείγμα με κουταλιές σε λίπος, ζεσταμένο στους 375 βαθμούς, μέχρι να ροδίσει. Αφαιρούμε και στραγγίζουμε σε απορροφητικό χαρτί.

ΚΥΡΙΟ ΠΙΑΤΟ

10. <u>Κοτόπουλο σε σάλτσα αμυγδάλου</u>

Απόδοση: 1 μερίδα

Συστατικό
- 3½ κιλά Κοτόπουλο; κομμένο σε κομμάτια σερβιρίσματος
- Αλεύρι
- ¼ φλιτζάνι ελαιόλαδο
- 1 μεσαίο Κρεμμύδι; ψιλοκομμένο
- 1 Σκελίδα σκόρδο? ψιλοκομμένο
- ½ φλιτζάνι Ντομάτα; ξεφλουδισμένο/ψιλοκομμένο
- 1 κλωναράκια μαϊντανός? (έως 2)
- 2 ραβδί ίντσας κανέλα
- 4 Ολόκληρα γαρίφαλα
- 2 κούπες Ζωμό κοτόπουλου
- ½ φλιτζάνι ασπρισμένα αμύγδαλα
- Αλας
- ¼ κουταλάκι του γλυκού άσπρο πιπέρι
- 2 κουταλάκια του γλυκού Lime ή χυμό λεμονιού
- 2 Αυγά

Κατευθύνσεις
a) Περιχύνουμε τα κομμάτια του κοτόπουλου με αλεύρι, ανακινώντας να φύγει η περίσσεια.
b) Ζεσταίνουμε το λάδι σε ένα τηγάνι και σοτάρουμε το κοτόπουλο μέχρι να ροδίσει. Μεταφέρετε σε βαριά κατσαρόλα. Σοτάρουμε στο τηγάνι το κρεμμύδι και το σκόρδο και τα προσθέτουμε στο κοτόπουλο μαζί με την ντομάτα, τον μαϊντανό, την κανέλα, το γαρύφαλλο και τον ζωμό κοτόπουλου. Πολτοποιούμε τα αμύγδαλα σε ηλεκτρικό μπλέντερ σε δυνατή ταχύτητα και τα προσθέτουμε στην κατσαρόλα. Αλατοπιπερώνουμε, αν χρειάζεται, και λευκό πιπέρι.

c) Σκεπάζουμε και σιγοβράζουμε απαλά μέχρι να μαλακώσει το κοτόπουλο, περίπου 45 λεπτά.

d) Βγάζουμε τα κομμάτια του κοτόπουλου σε ένα πιάτο σερβιρίσματος και τα κρατάμε ζεστά. Αφαιρέστε τυχόν λίπος από τη σάλτσα και μειώστε τη σάλτσα σε 2 φλιτζάνια σε δυνατή φωτιά.

e) Προσαρμόστε το καρύκευμα και στραγγίστε τη σάλτσα από ένα λεπτό κόσκινο. Τοποθετούμε σε χαμηλή φωτιά. Χτυπάμε τα αυγά με το χυμό λάιμ. Ρίξτε $\frac{1}{2}$ φλιτζάνι από τη σάλτσα στα αυγά, χτυπώντας με ένα σύρμα.

f) Στη συνέχεια ρίχνουμε το μείγμα των αυγών στη σάλτσα, χτυπώντας συνεχώς σε χαμηλή φωτιά μέχρι να δέσει η σάλτσα. Μην αφήνετε τη σάλτσα να βράσει γιατί θα πήξει. Περιχύνουμε το κοτόπουλο.

g) Σερβίρουμε με απλό λευκό ρύζι.

11. **Μπακαλιάρος au gratin**

Απόδοση: 1 μερίδα

Συστατικό
- 1 λίβρα Μπακαλάο
- 3 κουταλιές της σούπας Βούτυρο
- 1 μεγάλο Κρεμμύδι; ψιλοκομμένο
- 1 κουταλιά της σούπας Αλεύρι
- 1 Σκελίδα σκόρδο; συνθλίβονται
- 2 κουταλάκια του γλυκού τοματοπολτός
- 1 φύλλα δάφνης
- ½ φλιτζάνι Λευκό ξηρό κρασί
- 1 κούπα Νερό
- 1 κουταλιά της σούπας χυμό λεμονιού
- 2 κουταλιές της σούπας Ελιές κομμένες σε φέτες
- 1 κουταλιά της σούπας φρέσκος μαϊντανός? ψιλοκομμένο
- 2 κουταλιές της σούπας Μανιτάρια κομμένα σε φέτες
- Αλάτι και φρέσκο αλεσμένο πιπέρι για γεύση
- 2 κουταλιές της σούπας Παρμεζάνα; τριμμένο
- 1 μεσαίο Πατάτα; ξεφλουδισμένα, ψημένα και ελαφρώς πολτοποιημένα

Κατευθύνσεις
a) Μουλιάζουμε τα ψάρια σε νερό για να καλυφθούν τουλάχιστον 4 ώρες. αφαιρέστε τυχόν δέρμα και κόκαλα και ξεφλουδίστε με ένα πιρούνι. βουτυρώνουμε μια κατσαρόλα 2 λίτρων με 1 κουταλιά της σούπας βούτυρο και σκεπάζουμε τον πάτο με μπακαλιάρο.
b) Ζεσταίνουμε το υπόλοιπο βούτυρο σε μια κατσαρόλα σε μέτρια φωτιά, προσθέτουμε το κρεμμύδι και σοτάρουμε μέχρι να ροδίσει. Προσθέστε το αλεύρι και το σκόρδο,

ανακατεύοντας καλά. Προσθέστε τον πελτέ ντομάτας, τη δάφνη, το κρασί, το νερό και το χυμό λεμονιού.

c) Χαμηλώνουμε τη φωτιά και μαγειρεύουμε ανακατεύοντας μέχρι να πήξει το μείγμα. Προσθέστε τις ελιές, τον μαϊντανό και τα μανιτάρια και μετά δοκιμάστε για αλάτι και πιπέρι. ανακατεύουμε και μαγειρεύουμε για 3 λεπτά. Αποσύρουμε τη σάλτσα από τη φωτιά και περιχύνουμε με το ψάρι στην κατσαρόλα. Πασπαλίζουμε με τυρί και στρώνουμε τις γωνίες της κατσαρόλας με την πατάτα.

d) Ψήνουμε σε προθερμασμένο φούρνο στους 350 βαθμούς για 35 λεπτά ή μέχρι να ροδίσει η κορυφή. σερβίρετε με πράσινη σαλάτα.

12. <u>μεξικάνικα φασόλια</u>

Απόδοση: 4 μερίδες

Συστατικό

- 1 λίβρα Φασόλια αποξηραμένα
- 1 Κρεμμύδι, κομμένο σε κύβους
- $\frac{1}{4}$ Πιπεριά πράσινη, κομμένη σε κύβους
- 3 Σκελίδες σκόρδο, κομμένες σε κύβους
- 8 ουγγιές Σάλτσα ντομάτας
- 2 κουταλιές της σούπας ελαιόλαδο
- 2 κουταλάκια του γλυκού Αλας
- 1 κουταλάκι του γλυκού Αλας
- 2 κούπες Νερό
- 1 κούπα Ρύζι, μακρόκοκκο

Κατευθύνσεις

a) ΠΡΟΕΤΟΙΜΑΣΤΕ ΦΑΣΟΛΙΑ: Μουλιάστε τα φασόλια για τουλάχιστον δύο ώρες (το βράδυ είναι επίσης εντάξει). Αλλάζουμε το νερό και το αφήνουμε να πάρει μια βράση.
b) Προσθέστε το κρεμμύδι, την πιπεριά και το σκόρδο. σκεπάζουμε και σιγοβράζουμε για 1 ώρα.
c) Προσθέτουμε τη σάλτσα ντομάτας, το ελαιόλαδο και το αλάτι: σκεπάζουμε και σιγοβράζουμε για 1 ώρα ακόμα.
d) Φέρτε το νερό να βράσει. Προσθέτουμε το ρύζι και το αλάτι.
e) Σκεπάζουμε και αφήνουμε να σιγοβράσει για 20 λεπτά.

13. **Τηγανητό ψάρι με σάλτσα**

Απόδοση: 12 μερίδες

Συστατικό

- ½ φλιτζάνι ελαιόλαδο
- 2½ κιλά Κρεμμύδια, ξεφλουδισμένα και κομμένα σε φέτες
- 1 ½ φλιτζάνι Νερό
- 24 Γεμιστές ελιές με πιμιέντο
- 2 κουταλιές της σούπας Κάπαρη
- 1 κονσέρβα 4 ουγκιές. pimientos, κομμένα σε μικροσκοπικές φέτες στο ζουμί τους
- 2 κουτάκια (8 oz.) σάλτσα ντομάτας
- 2 κουταλιές της σούπας Ξύδι
- 1 κουταλιά της σούπας Αλας
- 2 φύλλα δάφνης
- 4 λίρες Φέτες ψαριού
- 2 κουταλιές της σούπας Αλας
- 1 κούπα ελαιόλαδο
- 4 μεγάλα Σκελίδες σκόρδο, ξεφλουδισμένες και θρυμματισμένες

Κατευθύνσεις

a) Ετοιμάζουμε τη σάλτσα ανακατεύοντας τα υλικά και μαγειρεύουμε σε μέτρια φωτιά για περίπου 1 ώρα.
b) Όταν η σάλτσα είναι σχεδόν έτοιμη, αλατοπιπερώνετε το ψάρι με αλάτι που περιλαμβάνεται στο Β και σκεπάζετε ελαφρά με αλεύρι και τηγανίζετε ως εξής: Βάζετε το λάδι και το σκόρδο σε ένα τηγάνι. Καστανό σκόρδο σε μέτρια φωτιά. Αφαιρέστε το σκόρδο και τοποθετήστε στο τηγάνι όσες φέτες ψαριού χωρούν πάνω του. Ροδίζετε σε μέτρια φωτιά και από τις δύο πλευρές, χαμηλώνετε τη φωτιά και

μαγειρεύετε για 15 λεπτά ή μέχρι να ξεφλουδίσει εύκολα το ψάρι όταν το δοκιμάσετε με ένα πιρούνι.Τηγανίστε τα υπόλοιπα ψάρια με τον ίδιο τρόπο.

c) Τοποθετήστε το ψάρι σε μια φόρμα και καλύψτε με καυτερή σάλτσα και αφήστε το να σταθεί για 5 λεπτά.

14. <u>Βοδινό κρέας κατσαρόλας</u>

Απόδοση: 1 μερίδα

Συστατικό

- 3 κουταλιές της σούπας Φυτικό λάδι
- 1½ κιλό Μοσχαρίσιο κρέας στιφάδο? κόψτε σε 1 1/2 ίντσα
- 1 μεγάλο Κρεμμύδι; ψιλοκομμένο
- 3 μεγάλα σκελίδες σκόρδο; ψιλοκομμένο
- 1 κουταλιά της σούπας Ψιλοκομμένο φρέσκο μαϊντανό
- 4 Φρέσκα κλαράκια θυμάρι ή 1 κουταλάκι του γλυκού αποξηραμένο. Θρυμματίστηκε
- 4 φύλλα δάφνης
- 2 κουταλιές της σούπας Όροφος για όλες τις χρήσεις
- 2 κουτάκια ζωμός βοδινού; (14 1/2-ουγγιά)
- 2 κούπες Ερυθρό ξηρό κρασί
- 4 μεγάλα Πατάτες
- 3 μεγάλα καρότα
- ½ κιλά φασολάκια; κομμένο, μισό
- Ψιλοκομμένο φρέσκο μαϊντανό

Κατευθύνσεις

a) Ζεσταίνουμε λάδι σε μεγάλη βαριά κατσαρόλα ή ολλανδικό φούρνο σε δυνατή φωτιά. Προσθέστε το βόειο κρέας σε παρτίδες και ροδίστε. Χρησιμοποιώντας τρυπητή κουτάλα, μεταφέρετε το βόειο κρέας σε ένα μπολ. Προσθέστε το κρεμμύδι και το σκόρδο στην κατσαρόλα και σοτάρετε για 5 λεπτά. Προσθέστε το μαϊντανό, το θυμάρι, τα φύλλα δάφνης και το αλεύρι. Ανακατεύουμε 2 λεπτά.
b) Σταδιακά ανακατεύουμε το ζωμό και το κρασί. Επιστρέψτε το βόειο κρέας στην κατσαρόλα και αφήστε το

μείγμα να βράσει. Χαμηλώνουμε τη φωτιά σε μέτρια προς χαμηλή και σιγοβράζουμε ακάλυπτα για 45 λεπτά.

c) Προσθέστε τις πατάτες και τα καρότα στο στιφάδο. Σιγοβράζουμε μέχρι να μαλακώσουν το κρέας και τα λαχανικά, ανακατεύοντας κατά διαστήματα, περίπου 30 λεπτά. Προσθέστε τα πράσινα φασόλια και σιγοβράστε μέχρι τα φασόλια να μαλακώσουν και να πήξουν ελαφρώς, περίπου 10 λεπτά.

d) Μεταφέρετε το στιφάδο σε ένα μεγάλο μπολ. Γαρνίρουμε με ψιλοκομμένο μαϊντανό και σερβίρουμε.

15. <u>Μεξικάνικη σούπα μαύρων φασολιών</u>

Απόδοση: 1 μερίδα

Συστατικό
- 4 φλιτζάνια λαχανικό; ζωμός (ή κοτόπουλο) (έως 6)
- 2 κούπες Ξεπλύνετε τα μαύρα φασόλια
- ½ φλιτζάνι Σέλινο ψιλοκομμένο
- 2 μεγάλα Καρότα? σε κύβους
- 1 μεσαίο κίτρινο κρεμμύδι; σε κύβους
- ¼ φλιτζάνι Ξύδι
- 1 κουταλάκι του γλυκού φλούδα πορτοκαλιού ή λεμονιού? τριμμένο
- ½ κουταλάκι του γλυκού Κανέλα
- 1 πρέζα Κόκκινο πιπέρι; να δοκιμάσω
- 2 κουταλάκια του γλυκού Σκόρδο; ψιλοκομμένο

Κατευθύνσεις
a) Ξεκινήστε με 4 φλιτζάνια ζωμό -- και προσθέστε περισσότερο όσο χρειάζεται, ανάλογα με το αν θέλετε μια σούπα σούπα ή ένα συνοδευτικό για να το σερβίρετε με καστανό ρύζι.
b) Βάζουμε όλα τα υλικά μαζί σε μια κατσαρόλα και μαγειρεύουμε σιγά σιγά για τρεις ώρες. Σερβίρετε με μαγειρεμένο καστανό ρύζι στον πάτο του μπολ με τις ακόλουθες γαρνιτούρες που θα προστεθούν κατά προτίμηση: άπαχη κρέμα γάλακτος ή γιαούρτι, φρέσκα κρεμμυδάκια ψιλοκομμένα, κόκκινα κρεμμυδάκια ψιλοκομμένα, ψιλοκομμένες ντομάτες, ψιλοκομμένος μαϊντανός, σάλσα. Σερβίρετε με μια φραντζόλα γαλλικό ψωμί, ζεστές τορτίγιες ή πίτα.

16.   **Μεξικάνικο caldo gallego**

Απόδοση: 6 μερίδες

Συστατικό
- ½ κιλά αποξηραμένα λευκά φασόλια? μούσκεμα όλη τη νύχτα,
- Και στραγγισμένο
- 1 λίβρα Μπούτια κοτόπουλου
- ½ κιλά Ισπανικό ή μεξικάνικο λουκάνικο chorizo · κομμένο σε κομμάτια 1/2".
- ½ κιλά Ζαμπόν; ψιλοκομμένο
- ¼ λίβρες αλάτι χοιρινό? σε κύβους
- 1 μεσαίο κίτρινο κρεμμύδι; ξεφλουδισμένα και ψιλοκομμένα
- 3 σκελίδες σκόρδο; ξεφλουδισμένα και ψιλοκομμένα
- 2 κουταλάκια του γλυκού σάλτσα Worcestershire
- Σάλτσα ταμπάσκο; λίγες παύλες για γεύση
- 2½ τέταρτο Νερό
- ½ κιλά Πατάτες; ξεφλουδισμένα Τέταρτα,
- Και σε φέτες
- ½ κιλά πράσινο λάχανο; σε λεπτές φέτες
- 2 κούπες Λάχανο; αφαιρούνται σκληροί μίσχοι,
- Και κομμένο σε λεπτές φέτες
- ½ κιλά Γογγύλια? ξεφλουδισμένα Τέταρτα,
- Και σε φέτες
- Αλας; να δοκιμάσω
- Φρεσκοτριμμένο μαύρο πιπέρι? να δοκιμάσω
- Ψιλοκομμένος φρέσκος άνηθος για γαρνίρισμα. (προαιρετικός)

Κατευθύνσεις

a) Τοποθετήστε τα στραγγισμένα φασόλια, το κοτόπουλο, το chorizo, το ζαμπόν, το χοιρινό αλάτι, το κρεμμύδι, το σκόρδο, τη σάλτσα Worcestershire, τη σάλτσα Tabasco και το νερό σε μια κατσαρόλα σούπας 6 έως 8 λίτρων.

b) Αφήνουμε να πάρει μια βράση και μετά χαμηλώνουμε να σιγοβράσει. Μαγειρέψτε, σκεπασμένο, για 45 λεπτά.

c) Βγάζουμε τα κομμάτια του κοτόπουλου από την κατσαρόλα και τα ξεκοκκαλίζουμε. Αφήνουμε το κρέας στην άκρη και πετάμε τα κόκαλα. Προσθέστε στην κατσαρόλα τα υπόλοιπα υλικά εκτός από το αλάτι, το πιπέρι και το κοτόπουλο. Σιγοβράζουμε σκεπασμένο για 25 λεπτά και μετά αλατοπιπερώνουμε.

d) Επιστρέψτε το κρέας κοτόπουλου στην κατσαρόλα και σιγοβράστε για λίγα λεπτά ακόμα. Συμπληρώστε με τον προαιρετικό άνηθο.

17. **Μεξικάνικα ρεβίθια**

Απόδοση: 4 μερίδες

Συστατικό
Ρεβύθι s
- 1 λίβρα Ρεβύθια
- 2½ τέταρτο Νερό
- 2 κουταλιές της σούπας Αλας

Κολοκύθι
- 2½ τέταρτο Νερό
- 1¼ κιλά Κολοκύθα -- ή κολοκυθάκι κομμένο
- 6 ουγγιές Chorizo - κομμάτια σε μέγεθος μπουκιάς

Σοφρίτο
- 1 κουταλάκι του γλυκού Φυτικό λάδι
- ½ ουγγιά Ζαμπόν ζαμπόν -- κομμένο σε κύβους
- 1 Κρεμμύδι - ψιλοκομμένο
- 1 Πράσινο πιπέρι
- 3 Γλυκές πιπεριές τσίλι
- 2 Σκελίδες σκόρδο
- 6 Φύλλα φρέσκου κόλιανδρου
- ¼ κουταλάκι του γλυκού Ρίγανη θρυμματισμένη
- ¼ φλιτζάνι Σάλτσα ντομάτας
- 1 κουταλιά της σούπας Αλας

Κατευθύνσεις
a) Στραγγίζουμε τα ρεβίθια, τα ξεπλένουμε και τα βάζουμε σε μια μεγάλη κατσαρόλα μαζί με την κολοκύθα, το chorizo και 2½ λίτρα νερό. Αφήνουμε γρήγορα να πάρει μια βράση, σκεπάζουμε και βράζουμε σε μέτρια φωτιά για 1 ½ ώρα ή μέχρι να μαλακώσουν τα ρεβίθια.

b) Ξεσκεπάζουμε, πολτοποιούμε την κολοκύθα και προσθέτουμε το σοφρίτο, τη σάλτσα ντομάτας και το αλάτι.

c) Ανακατεύουμε και βράζουμε σε μέτρια φωτιά, ακάλυπτα, περίπου 1 ώρα ή μέχρι να πήξει η σάλτσα στη γεύση.

18. <u>Μεξικάνικο κοτόπουλο με ρύζι</u>

Απόδοση: 6 μερίδες

Συστατικό
- 4 κουταλιές της σούπας ελαιόλαδο
- 1 Ολόκληρο κοτόπουλο; κομμένο σε 8 κομμάτια
- 1 μεγάλο Κρεμμύδι; ψιλοκομμένο
- 1 πράσινο πιπέρι; ψιλοκομμένο
- 2 κουταλιές της σούπας Κάπαρη
- $\frac{1}{4}$ φλιτζάνι Ελιές? μικρό, pimento γεμιστό
- 1 κούπα Σάλτσα ντομάτας
- 1 κουταλιά της σούπας Ρίγανη
- 1 κουταλάκι του γλυκού κόκκινες νιφάδες πιπεριού
- 3 σκελίδες σκόρδου; κιμάς
- 3 φλιτζάνια Ρύζι; μακρύς κόκκος
- $4\frac{1}{2}$ φλιτζάνι ζωμός κοτόπουλου
- $\frac{1}{2}$ φλιτζάνι Μαϊντανός; ψιλοκομμένο
- $\frac{1}{2}$ φλιτζάνι Αρακάς; μαγείρευτος
- 3 κουταλιές της σούπας γλυκοπίπερο; ψιλοκομμένο

Κατευθύνσεις
a) Σε μια κατσαρόλα ή ολλανδικό φούρνο αρκετά μεγάλο ώστε να χωράει όλα τα υλικά, ζεσταίνουμε το λάδι και ροδίζουμε το κοτόπουλο από όλες τις πλευρές. Σκεπάζουμε, χαμηλώνουμε τη φωτιά και σιγοβράζουμε για περίπου 15 λεπτά.

b) Προσθέστε το κρεμμύδι και την πράσινη πιπεριά και μαγειρέψτε για 4 λεπτά. Προσθέστε την κάπαρη, τις ελιές, τη σάλτσα ντομάτας, τη ρίγανη, τις νιφάδες πιπεριάς και το σκόρδο και μαγειρέψτε για άλλα 4 ή 5 λεπτά.

c) Προσθέτουμε το ρύζι και ανακατεύουμε καλά το μείγμα. προσθέτουμε το ζωμό κοτόπουλου και τον μαϊντανό και ανακατεύουμε. Σκεπάζετε την κατσαρόλα, χαμηλώνετε τη φωτιά και σιγοβράζετε για περίπου 20 λεπτά ή μέχρι να απορροφηθούν τα υγρά και το ρύζι να μαλακώσει.

d) Γαρνίρουμε με τον αρακά και το πιμέντο και σερβίρουμε.

19. Μεξικάνικο χοιρινό και φασόλια

Απόδοση: 4 μερίδες

Συστατικό
- 1 κουταλιά της σούπας λάδι κανόλας
- 6 Ανταλλακτικά χοιρινού φιλέτου
- 1 μεσαίο Καρότο -- 1/2" κύβοι
- 2 μεσαία Κρεμμύδια - σε κύβους
- 6 Σκελίδες σκόρδο
- 3 φύλλα δάφνης
- 1 κουταλάκι του γλυκού Ρίγανη
- 1 λίβρα Κονσέρβα ολόκληρες ντομάτες
- 1 μικρό Πιπέρι Jalapeno -- ψιλοκομμένο
- 2 κουταλάκια του γλυκού Αλας
- 1 λίβρα Αποξηραμένα φασόλια
- 1 ματσάκι κόλιαντρο

Κατευθύνσεις
a) Ζεσταίνουμε το λάδι σε μια στιβαρή κατσαρόλα. Όταν είναι ζεστό, ρίχνουμε το χοιρινό σε μια στρώση και το ψήνουμε σε μέτρια φωτιά για περίπου 30 λεπτά, γυρνώντας το μέχρι να ροδίσει από όλες τις πλευρές. Προσθέστε 4 φλιτζάνια κρύο νερό και όλα τα υπόλοιπα υλικά εκτός από τα ψιλοκομμένα φύλλα κόλιανδρου.
b) Αφήνουμε να πάρει βράση, χαμηλώνουμε τη φωτιά, σκεπάζουμε και σιγοβράζουμε απαλά για $1+\frac{3}{4}$ έως 2 ώρες, μέχρι να μαλακώσει το κρέας.
c) Μοιράζουμε σε τέσσερα ατομικά πιάτα, πασπαλίζουμε με τα ψιλοκομμένα φύλλα κόλιανδρου και σερβίρουμε με κίτρινο ρύζι.

20. <u>Μεξικάνικα κόκκινα φασόλια και ρύζι</u>

Απόδοση: 4 μερίδες

Συστατικό
- $\frac{1}{4}$ φλιτζάνι ελαιόλαδο
- 2 κούπες Κρεμμύδια ψιλοκομμένα
- 1 κουταλιά της σούπας Ψιλοκομμένο σκόρδο
- 1 λίβρα αποξηραμένα κόκκινα φασόλια? ξεπλυμένα, εμποτισμένα? και στραγγισμένο (έως)
- 5 φλιτζάνια Ζωμό κοτόπουλου
- 2 φύλλα δάφνης
- 1 Κομμάτι ξυλάκι κανέλας
- Σάλτσα καυτερής πιπεριάς για γεύση

Κατευθύνσεις
a) Ζεσταίνουμε το λάδι σε μια μεγάλη βαριά κατσαρόλα. Προσθέτουμε τα κρεμμύδια και τα σοτάρουμε ανακατεύοντας μέχρι να πασπαλίσουν με λάδι. Σκεπάζουμε και μαγειρεύουμε σε πολύ χαμηλή φωτιά, ανακατεύοντας κατά διαστήματα, μέχρι να ροδίσουν, περίπου 15 λεπτά. Προσθέστε το σκόρδο και σοτάρετε ακάλυπτο για 3 λεπτά.
b) Προσθέστε τα φασόλια και το ζωμό στο κρεμμύδι. Ζεσταίνουμε να βράσει και μαγειρεύουμε, σκεπασμένο, σε χαμηλή φωτιά για 2 ώρες. Προσθέστε τα φύλλα δάφνης και την κανέλα. Σκεπάζουμε και συνεχίζουμε το ψήσιμο μέχρι να μαλακώσουν πολύ τα φασόλια, περίπου 1 ώρα ακόμα.
c) Καρυκεύουμε με αλάτι και καυτερή σάλτσα κόκκινου πιπεριού. Τα φασόλια μπορούν να παρασκευαστούν έως και 24 ώρες πριν τα σερβίρετε. Ξαναζεσταίνετε προσθέτοντας επιπλέον ζωμό αν χρειάζεται.

21. Μεξικάνικο ρύζι με κοτόπουλο

Απόδοση: 8 μερίδες

Συστατικό

- 2½ κιλά Κομμάτια κοτόπουλου
- 2 Κόκκους πιπεριού (ολόκληρο μαύρο πιπέρι)
- 2 Σκελίδες σκόρδο ξεφλουδισμένες
- 1 κουταλάκι του γλυκού Αποξηραμένη ρίγανη (προ. φρέσκια)
- 4½ κουταλάκι του γλυκού Αλας
- 2 κουταλάκια του γλυκού ελαιόλαδο
- 1 κουταλάκι του γλυκού Ξύδι
- 1 κουταλιά της σούπας Λαρδί ή φυτικό λάδι
- 1-ουγγιά Αλάτι χοιρινό
- 2 ουγγιές Άπαχο ζαμπόν (πλύνετε και ψιλοκόψτε αλάτι χοιρινό και ζαμπόν)
- 1 Κρεμμύδι ξεφλουδισμένο
- 1 Πράσινο πιπέρι, με σπόρους
- 3 Γλυκιές πιπεριές τσίλι, με σπόρους
- 1 Ντομάτα
- 6 Φύλλα φρέσκου κόλιανδρου (κόψτε τα πάντα σε μικρά κομμάτια)
- ½ κουταλάκι του γλυκού Αλας
- 10 Ελιές γεμιστές με πιμιέντο
- 1 κουταλιά της σούπας Κάπαρη
- ¼ φλιτζάνι Σάλτσα ντομάτας
- 2 κουταλιές της σούπας Λίπος ή "χρωματισμός αχιότης"
- 3 φλιτζάνια Ρύζι
- 1 κονσέρβα (17 oz.) πράσινα μπιζέλια
- 1 κονσέρβα (4 οζ.) πιμιέντος

Κατευθύνσεις

a) Πλένουμε το κοτόπουλο και χωρίζουμε κάθε κομμάτι κοτόπουλου στα δύο. Στεγνώστε και τρίψτε με τα καρυκεύματα που περιλαμβάνονται στο Β. Τοποθετήστε στο ψυγείο όλη τη νύχτα.

b) Σε ένα βαρύ βραστήρα, ζεσταίνουμε το λίπος και ροδίζουμε γρήγορα, αλατίζουμε το χοιρινό και το ζαμπόν. Χαμηλώνουμε σε μέτρια και προσθέτουμε το κοτόπουλο. Μαγειρέψτε για 5 λεπτά.

c) Μειώστε τη θερμότητα στο χαμηλό. Προσθέστε τα υλικά και σοτάρετε για 10 λεπτά, ανακατεύοντας κατά διαστήματα.

d) Εν τω μεταξύ, στραγγίστε το υγρό από την κονσέρβα αρακά σε ένα μεζούρα και αρκετό νερό για να γίνουν $2\frac{1}{2}$ φλιτζάνια, εάν χρησιμοποιείται κανονικό ρύζι ή $3\frac{1}{2}$ εάν χρησιμοποιείται μακρύ ρύζι. Κρατήστε μπιζέλια. Ζεστάνετε το υγρό και περιμένετε.

e) Προσθέστε στο μπρίκι τα υλικά και ανακατέψτε σε μέτρια φωτιά για 2 λεπτά.

f) Προσθέστε ζεστό υγρό στον βραστήρα και ανακατέψτε καλά και μαγειρέψτε ακάλυπτα σε μέτρια φωτιά μέχρι να στεγνώσει το ρύζι.

g) Με ένα πιρούνι γυρίζουμε το ρύζι από κάτω προς τα πάνω.

h) Σκεπάζετε τον βραστήρα και μαγειρεύετε σε χαμηλή φωτιά για 40 λεπτά. Στα μισά αυτής της περιόδου μαγειρέματος αναποδογυρίστε το ρύζι.

i) Προσθέτουμε τον αρακά, γυρίζουμε το ρύζι για άλλη μια φορά και σκεπάζουμε, βράζοντας για 15 λεπτά σε χαμηλή φωτιά.

j) Ρίξτε ένα κουτάλι ρύζι σε ένα πιάτο σερβιρίσματος.

k) Ζεσταίνουμε τα pimientos στους χυμούς τους, στραγγίζουμε και γαρνίρουμε το ρύζι.
l) Σερβίρετε αμέσως.

22. Μεξικάνικο ρύζι με αρακά περιστεριών

Απόδοση: 8 μερίδες

Συστατικό
- ½ κιλά αποξηραμένες γόνδολες (μπιζέλια περιστεριών). ξεπλυμένα
- 3 φλιτζάνια Νερό
- 1-ουγγιά αλάτι χοιρινό? ψιλοκομμένο μικρό
- 2 σκελίδες σκόρδο; ξεφλουδισμένα και θρυμματισμένα
- 1 κουταλιά της σούπας ελαιόλαδο
- 1 μεσαίο κόκκινη πιπεριά; με πυρήνα, με σπόρους,
- Και ψιλοκομμένο σε μικρά κομμάτια
- 1 μεσαίο πράσινη πιπεριά; με πυρήνα, με σπόρους,
- Και ψιλοκομμένο σε μικρά κομμάτια
- 1 μεσαίο κίτρινο κρεμμύδι; ψιλοκομμένο μικρό
- 1 μεσαίο Ντομάτα; ψιλοκομμένο μικρό
- 1 κουταλιά της σούπας Λάδι Annatto
- 1 κούπα Το ρύζι του θείου Μπεν που μετατράπηκε
- Φρεσκοτριμμένο μαύρο πιπέρι? να δοκιμάσω
- 2 κούπες Κρύο νερό
- Αλας; να δοκιμάσω

Κατευθύνσεις
a) Σε μια μικρή κατσαρόλα βάζουμε τις γόνδολες και 3 φλιτζάνια νερό να βράσουν. Σκεπάζουμε, σβήνουμε τη φωτιά και αφήνουμε να σταθεί για 1 ώρα.
b) Στραγγίζουμε τον αρακά, διατηρούμε το νερό. Σε μια κατσαρόλα 6 λίτρων σοτάρουμε το χοιρινό αλάτι, το ζαμπόν και το σκόρδο στο ελαιόλαδο για λίγα λεπτά. Προσθέστε και τις δύο πιπεριές και το κρεμμύδι, σκεπάστε και μαγειρέψτε σε μέτρια φωτιά μέχρι το κρεμμύδι να αρχίσει να γίνεται διάφανο.

c) Προσθέστε τις ντομάτες, τις στραγγισμένες γόνδολες και 1½ φλιτζάνι από το νερό που κρατήσαμε. Σιγοβράζουμε, σκεπασμένο, σε χαμηλή φωτιά για 15 λεπτά μέχρι να μαλακώσουν σχεδόν τα μπιζέλια και να φύγουν τα περισσότερα υγρά.

d) Προσθέστε το λάδι Annatto, το ρύζι, το μαύρο πιπέρι και 2 φλιτζάνια κρύο νερό.

e) Αφήνουμε να πάρει μια βράση και σιγοβράζουμε, σκεπασμένο, για 15 με 20 λεπτά μέχρι να απορροφηθούν τα υγρά και το ρύζι να είναι τρυφερό. Προσθέστε αλάτι αν χρειάζεται.

23. **Μεξικάνικη γαλοπούλα**

Απόδοση: 1 μερίδα

Συστατικό
- Τουρκία
- 12 Σκελίδες σκόρδο
- 10 κουταλάκια του γλυκού Ξηρά μεξικάνικη ρίγανη
- 12 κουταλάκια του γλυκού ελαιόλαδο
- 12 κουταλάκια του γλυκού Ξύδι από κόκκινο κρασί
- 1 κουταλάκι του γλυκού Αλας
- ½ κουταλάκι του γλυκού Πιπέρι

Κατευθύνσεις
a) Σε ένα μπλέντερ πολτοποιήστε 12 σκελίδες σκόρδο, 10 κουταλιές της σούπας ξερή μεξικάνικη ρίγανη, 12 κουταλιές της σούπας ελαιόλαδο, 12 κουταλιές της σούπας ξύδι από κόκκινο κρασί, 1 κουταλάκι του γλυκού αλάτι και ½ κουταλάκι του γλυκού πιπέρι. Αυτό το μείγμα θα είναι περίπου η συνοχή της μαγιονέζας.
b) Στη συνέχεια, «σαλώστε» με το μείγμα το εσωτερικό και το εξωτερικό του στήθους γαλοπούλας, χρησιμοποιώντας όλο. Τοποθετούμε σε μπεν μαρί, σκεπάζουμε καλά και ψήνουμε στους 350~ για ½ ώρα.
c) Ξεσκεπάστε και συνεχίστε το ψήσιμο μέχρι να μαλακώσει (ο χρόνος θα εξαρτηθεί από το μέγεθος του στήθους ή του πουλιού). Αλείφουμε περίπου κάθε 15 λεπτά με τους χυμούς του τηγανιού.

24. <u>Μεξικάνικα θαλασσινά asopado</u>

Απόδοση: 1 μερίδα

Συστατικό
- 1 Κρεμμύδι; σε κύβους
- 1 κόκκινο πιπέρι; σε κύβους
- 1 πράσινο πιπέρι; σε κύβους
- 2 Κομμάτια σέλινο? σε κύβους
- Κοχύλια γαρίδων από πιάτο με ρύζι
- Κοχύλια αστακού από πιάτο με ρύζι
- ½ φλιτζάνι λευκό κρασί
- ½ φλιτζάνι Σάλτσα ντομάτας
- 2 λίτρα Νερό
- 1 Κρεμμύδι; σε κύβους
- 1 κόκκινο πιπέρι; σε κύβους
- 1 πράσινο πιπέρι; σε κύβους
- 2 ψητές πιπεριές? σε κύβους
- 2 κούπες Ρύζι
- 8 φλιτζάνια Απόθεμα θαλασσινών
- ½ κιλά Κρέας καβουριού
- 1 πρέζα Κρόκος
- 1 λίβρα αστακός; στον ατμό
- ½ κιλά Γαρίδα
- ½ φλιτζάνι Γλυκός αρακάς

Κατευθύνσεις
α) Σοτάρουμε τα κρεμμύδια, την πιπεριά και το σέλινο. Προσθέστε τα κοχύλια και μαγειρέψτε για 5 λεπτά. Προσθέστε λευκό κρασί και σάλτσα ντομάτας. Προσθέστε νερό και σιγοβράστε για 45 λεπτά. Στέλεχος και αποθήκευση αποθέματος.

b) Σοτάρουμε τα κρεμμύδια, τις πιπεριές και προσθέτουμε τις ψητές πιπεριές. Προσθέτουμε το ρύζι και σοτάρουμε μέχρι να γίνει διάφανο

c) Προσθέστε ζωμό θαλασσινών, καβούρι και σαφράν και μαγειρέψτε για περίπου 15 λεπτά σε χαμηλή φωτιά. Προσθέστε αστακό, γαρίδες και αρακά. Ζεσταίνουμε 3 λεπτά πριν το σερβίρουμε

25. Σπιτικό vegan chorizo

Μερίδες: 15 oz.

Συστατικά
- 1 τεμάχιο (12 oz.) Tofu, έξτρα σφιχτό
- $\frac{1}{2}$ λίβρα. Μανιτάρια ψιλοκομμένα
- 6 Chile guajillo, αποξηραμένο, με σπόρους
- 2 Ancho Chile, αποξηραμένη, με σπόρους
- 4 Chile de arbol, αποξηραμένα
- 4 σκελίδες σκόρδο
- 1 κ.γ. Ρίγανη αποξηραμένη
- $\frac{1}{2}$ κουτ. Κύμινο, αλεσμένο
- 2 Γαρύφαλλα, ολόκληρα
- 1 κ.γ. Πάπρικα αλεσμένη
- $\frac{1}{2}$ κουτ. Έδαφος κόλιανδρου
- 2 κ.σ. Φυτικό λάδι, προαιρετικά

Κατευθύνσεις
a) Αφαιρέστε το tofu από τη συσκευασία και τοποθετήστε το ανάμεσα σε δύο μικρά πιάτα. Τοποθετήστε ένα κουτάκι πάνω από τα πιάτα και αφήστε το έτσι για 30 λεπτά.
b) Φέρτε μια μικρή κατσαρόλα με νερό να βράσει. Αφαιρέστε τους μίσχους και τους σπόρους από τα τσίλι και πετάξτε τα. Ρίξτε τα τσίλι σε βραστό νερό. Χαμηλώστε τη φωτιά στη χαμηλότερη ρύθμιση και αφήστε τα τσίλι να καθίσουν στο νερό για 10 λεπτά.
c) Βγάζουμε τα τσίλι από το νερό και τα βάζουμε στο μπλέντερ. Κρατήστε $\frac{1}{2}$ φλιτζάνι από το υγρό μούσκεμα τσίλι.
d) Προσθέστε το σκόρδο, τη ρίγανη, το κύμινο, τις σκελίδες, την πάπρικα, τον κόλιανδρο και $\frac{1}{4}$ φλιτζάνι υγρό μούσκεμα στο μπλέντερ και επεξεργαστείτε μέχρι να

ομογενοποιηθούν. Εάν χρειάζεται, προσθέστε το υπόλοιπο ¼ φλιτζάνι του υγρού μουλιάσματος για να κινηθούν τα πράγματα στο μπλέντερ.

e) Αλατοπιπερώνουμε το μείγμα τσίλι και περνάμε από ένα λεπτό σουρωτήρι. Αφήνω στην άκρη.

f) Στραγγίστε το νερό από το τόφου και θρυμματίστε με τα χέρια σας σε ένα μεγάλο μπολ. Ρίξτε το μισό από το πολτοποιημένο μείγμα τσίλι στο μπολ με το τόφου και ανακατέψτε να ενωθούν. Αφήνω στην άκρη.

g) Ζεσταίνουμε ένα μεγάλο τηγάνι σε δυνατή φωτιά και προσθέτουμε 1 κ.γ. του λαδιού. Μόλις ζεσταθεί το λάδι, προσθέστε τα ψιλοκομμένα μανιτάρια και συνεχίστε το μαγείρεμα μέχρι να αρχίσουν να ροδίζουν τα μανιτάρια, περίπου 6-7 λεπτά.

h) Χαμηλώνουμε τη φωτιά σε μέτρια προς χαμηλή και ρίχνουμε μέσα το υπόλοιπο μισό μείγμα τσίλι. Ανακατεύουμε και συνεχίζουμε το ψήσιμο για 3-4 λεπτά, μέχρι τα μανιτάρια να αρχίσουν να απορροφούν το μείγμα τσίλι. Αφαιρέστε από το τηγάνι και βάλτε σε ένα μεγάλο μπολ.

i) Ζεσταίνουμε ένα αντικολλητικό τηγάνι σε μέτρια φωτιά, προσθέτοντας 1 κ.γ. του λαδιού. Προσθέστε το μείγμα του τόφου και συνεχίστε το μαγείρεμα μέχρι να αρχίσει να εξατμίζεται το υγρό και να γίνει τραγανό το τόφου, 7-8 λεπτά. Μπορείτε να φτιάξετε το τόφου όσο τραγανό θέλετε. (Προσέξτε να μην γεμίσετε το τηγάνι γιατί το τόφου δεν θα γίνει ποτέ τραγανό.)

j) Ρίξτε το μαγειρεμένο μείγμα τόφου στο μπολ με τα μανιτάρια και ανακατέψτε καλά να ενωθούν. Προσαρμόστε το καρύκευμα.

1.

26. <u>Κρεμώδη ζυμαρικά Chipotle</u>

Μερίδες: 2 μερίδες

Συστατικά
- 1/2 φλιτζάνι αμύγδαλα, ολόκληρα, ωμά
- 1/4 φλιτζάνι γάλα αμυγδάλου, χωρίς ζάχαρη (ή φυτικό λάδι)
- 1 πιπεριά Chipotle στο Adobo, (μόνο μία από τις πιπεριές στο κουτί)
- 1 σκελίδα Σκόρδο
- 3/4 φλιτζάνι Νερό
- 1/2 φλιτζάνι Ντομάτα, ψημένη στη φωτιά
- 1 κ.γ. Χυμός λεμονιού, φρέσκος
- 1/2 λίβρα. Σπαγγέτι, ολικής αλέσεως
- 1 κ.γ. Κιλάντρο ψιλοκομμένο

Κατευθύνσεις
a) Βάλτε τα αμύγδαλα, το γάλα αμυγδάλου, το νερό, το τσιποτέλες, τη σκελίδα σκόρδο, τη ψητή ντομάτα και το χυμό λεμονιού στο μπλέντερ και ανακατέψτε μέχρι να ομογενοποιηθούν. Αλατοπιπερώνουμε.
b) Βράζετε τα ζυμαρικά σύμφωνα με τις οδηγίες στο κουτί. Τα στραγγίζουμε και τα βάζουμε σε ένα μεγάλο μπολ.
c) Περιχύνουμε τα ζυμαρικά με τη σάλτσα chipotle και ανακατεύουμε καλά.
d) Σερβίρουμε με ψιλοκομμένο κόλιαντρο από πάνω.

27. Jackfruit Vegan Pozole Rojo

Μερίδες: 6 μερίδες

Συστατικά
- 1 κονσέρβα White hominy, στραγγισμένο, ξεπλυμένο
- 3 λίτρα ζωμός λαχανικών
- 5 Guajillo Chile, αποξηραμένο, με μίσχο και σπόρους
- 2 Ancho Chile, αποξηραμένη, με μίσχο και σπόρους
- 5 Chile de Arbol, αποξηραμένα, με μίσχο και σπόρους
- 6 σκελίδες σκόρδο
- ½ λευκό κρεμμύδι
- 1 κ.γ. Φυτικό λάδι
- 2 κουτιά Νεαρή πράσινη άλμη, στραγγισμένη
- 1 κολοκυθάκι, μέτριο, κομμένο σε κύβους

Καλύμματα
- 1 λευκό κρεμμύδι, μικρό, ψιλοκομμένο
- 6 κόκκινα ραπανάκια, κομμένα σε ροδέλες
- 2 κ.σ. Ρίγανη αποξηραμένη
- ½ πράσινο λάχανο, χωρίς πυρήνα, κομμένο σε λεπτές φέτες
- 4 λάιμ κομμένα στα τέσσερα

Κατευθύνσεις

a) Σε μια μεγάλη κατσαρόλα, ανακατεύουμε το ζωμό λαχανικών και το ομοίωμα και αφήνουμε να σιγοβράσει.

b) Ενώ σιγοβράζει το ομίνι, αφαιρέστε τους μίσχους και τους σπόρους από το τσίλι άντσο, το arbol και το guajillo. Ξεπλύνετε και τοποθετήστε σε μια μέτρια κατσαρόλα με νερό.

c) Αφήνουμε την κατσαρόλα να βράσει σε μέτρια προς δυνατή φωτιά. Χαμηλώνουμε τη φωτιά και σιγοβράζουμε για 10 λεπτά.

d) Στραγγίστε τα τσίλι, αλλά κρατήστε 1 ½ φλιτζάνι από το νερό τσίλι. Τοποθετήστε τα τσίλι, το σκόρδο και το κρεμμύδι στο μπλέντερ, προσθέστε το νερό τσίλι και ανακατέψτε μέχρι να ομογενοποιηθούν. Ενταση.

e) Για να προετοιμάσετε το jackfruit, στραγγίστε το jackfruit, ξεπλύνετε το και τρίψτε το με χαρτί κουζίνας. Κόψτε τον πυρήνα του jackfruit (το άκρο των κομματιών του τριγώνου) και κόψτε τα κομμάτια στη μέση. Ζεσταίνουμε 1 κ.γ. λάδι σε ένα μεγάλο τηγάνι σε μέτρια φωτιά. Προσθέστε το jackfruit και μαγειρέψτε για 3-4 λεπτά από κάθε πλευρά ή μέχρι να αρχίσει να ροδίζει. Ρίξτε τη σάλτσα τσίλι πάνω από το jackfruit και μειώστε τη φωτιά σε χαμηλή προς μέτρια. Σιγοβράζουμε για 10 λεπτά ή μέχρι το jackfruit να αρχίσει να διασπάται και η σάλτσα να έχει πήξει ελαφρώς. Χρησιμοποιήστε ένα πιρούνι για να κόψετε το jackfruit καθώς ψήνεται. Αλατοπιπερώνουμε.

f) Το όμοιό σας θα πρέπει να σιγοβράζει ακόμα πολύ αργά. Αφαιρέστε ένα φλιτζάνι από το μείγμα ζωμού ομίνιου-λαχανικών και ανακατέψτε μέχρι να ομογενοποιηθεί. Ρίξτε το ξανά στην κατσαρόλα με το ομίνι

g) Ανεβάζουμε τη φωτιά σε μέτρια προς χαμηλή και προσθέτουμε τα κολοκυθάκια και το ψιλοκομμένο τζακφρουτ με τη σάλτσα. Αφήνουμε να σιγοβράσουν για 8-10 λεπτά ή μέχρι να μαλακώσουν τα κολοκυθάκια. Αλατοπιπερώνετε με αλάτι και πιπέρι.

h) Σερβίρετε το ποζόλι σας με όλες τις γαρνιτούρες στο πλάι.

28. Μεξικάνικη σούπα «κεφτέ».

Μερίδες: 6 μερίδες

Συστατικά
- 1 ντομάτα, μέτρια σε κύβους
- 1/4 λευκό ή κίτρινο κρεμμύδι, κομμένο σε κύβους
- 2 καρότα, μέτρια
- 1-2 κοτσάνια σέλινου
- 2-3 θερμίδες κίτρινη πιπεριά
- 3 πατάτες μικρές, κομμένες στα τέσσερα
- 1 μεξικάνικο κολοκυθάκι, μικρό
- 3 κλωναράκια κόλιαντρο
- 6-8 φύλλα δυόσμου, ψιλοκομμένα
- 1 κ.γ. Λάδι αβοκάντο
- 1 συσκευασία Follow Your Heart vegan egg πακέτο
- 1/3 φλιτζάνι λευκό ρύζι, μακρόσκοκο, ωμό
- 1 κουτ. Μαύρο πιπέρι
- 1 κουτ. Σκόρδο αλάτι
- 2 κ.σ. Καλύτερη από τη βάση χωρίς κοτόπουλο bouillon

Κατευθύνσεις
Για να φτιάξετε το ζωμό:
a) Ρυθμίστε μια μεγάλη κατσαρόλα σούπας σε μέτρια φωτιά. Προσθέστε 1 κ.σ. λάδι και προσθέτουμε το κρεμμύδι στην κατσαρόλα. Αφήστε το κρεμμύδι να ψηθεί για 2-3 λεπτά ή μέχρι να μαλακώσει και να γίνει διάφανο. Προσθέστε την ντομάτα και μαγειρέψτε για 3 λεπτά ακόμα.
b) Ρίξτε αρκετό νερό στην κατσαρόλα για να γεμίσει κατά το 1/2. Αφήνουμε να σιγοβράσει. Προσθέστε καλύτερη από τη βάση Bouillon No-Chicken και αλάτι και πιπέρι για γεύση (το πιπέρι είναι προαιρετικό).

Φτιάχνοντας τα κεφτεδάκια

c) Σε ένα μεγάλο μπολ ανακατεύουμε 1 κουτ. μαύρο πιπέρι, 1 κουτ. σκόρδο αλάτι, 1/3 φλιτζάνι λευκό ρύζι και ψιλοκομμένο δυόσμο. Ανακατέψτε καλά.

d) Ακολουθήστε τις οδηγίες στη συσκευασία των vegan αυγών και φτιάξτε περίπου 2 vegan αυγά. Προσθέστε το μισό από το μείγμα των αυγών στο μείγμα του κεφτέ και ανακατέψτε καλά. Βεβαιωθείτε ότι το μείγμα είναι αρκετά αυγό για να πλάθετε τα κεφτεδάκια. Εάν χρειάζεται, προσθέστε περισσότερο από το μείγμα αυγών vegan μέχρι να έχετε την επιθυμητή συνοχή.

e) Πλάθετε με τα χέρια σας 8-10 κεφτεδάκια. Τα προσθέτουμε στον ζωμό που σιγοβράζει.

f) Είναι σημαντικό να μην ανακατεύουμε πολύ τα κεφτεδάκια γιατί αλλιώς θα διαλύονται. Μαγειρέψτε για 15 λεπτά περίπου.

g) Όσο ψήνονται οι κεφτέδες, ψιλοκόβουμε τα καρότα, το σέλινο και τα κολοκυθάκια σε μικρά κυβάκια. Κάνε τεταρτημόρια για την πατάτα.

h) Προσθέστε στην κατσαρόλα τα κομμένα καρότα, το σέλινο, τα κολοκυθάκια, την πατάτα και τις κίτρινες πιπεριές (δεν τις κόψετε). Χαμηλώνουμε τη φωτιά σε μέτρια προς χαμηλή μέχρι να ψηθούν τα λαχανικά. Σκεπάζετε την κατσαρόλα και αφήνετε να ψηθεί καλά μαζί για περίπου 15 λεπτά.

i) Προσθέστε κόλιανδρο για τελική πινελιά και αφήστε να μαγειρευτεί για λίγα λεπτά και θα πρέπει να έχετε vegan albondigas! Μην ξεχάσετε τις ζεστές τορτίγιες! Ή ακόμα και φέτες αβοκάντο!

1.

29. **Τυφλοπόντικα chilaquiles με χόρτα και φασόλια**

Μερίδες: 4 μερίδες

Συστατικά
- μαρούλι

Χόρτα και φασόλια:
- ¼ φλιτζάνι νερό
- 2 σκελίδες σκόρδο, ψιλοκομμένες
- 8 ουγγιές. Σπανάκι (περίπου 1 σακουλάκι)
- 1 κονσέρβα (14 oz.) μαύρα φασόλια, στραγγισμένα

Σάλτσα:
- 1 βάζο (7,2 oz.) Mole Poblano
- 2 φλιτζάνια ζωμός λαχανικών

Καλύμματα
- Κρέμα αμυγδάλου
- Vegan Queso Cotija
- 1 λευκό κρεμμύδι, κομμένο σε πολύ λεπτές ροδέλες

Κατευθύνσεις

a) Προθερμάνετε το φούρνο στους 400°F. Τοποθετήστε το τρίγωνο τορτίγια σε δύο φύλλα ψησίματος στρωμένα με περγαμηνή και ψήστε για 15 έως 20 λεπτά μέχρι να γίνει τραγανό. Βγάζουμε από το φούρνο και αφήνουμε στην άκρη. (Μπορείτε επίσης να τα τηγανίσετε σε ένα τηγάνι με βαρύ πάτο μέχρι να ροδίσουν ή να αγοράσετε μια σακούλα πατατάκια.)

b) Χόρτα και φασόλια:

c) Ζεσταίνουμε ένα μεγάλο τηγάνι σε μέτρια φωτιά και ρίχνουμε μέσα ¼ φλιτζάνι νερό. Προσθέστε το σκόρδο και μαγειρέψτε για 1 λεπτό. Προσθέτουμε το σπανάκι και ανακατεύουμε.

d) Μόλις ψηθεί το σπανάκι (περίπου 2 λεπτά) προσθέστε τα μαύρα φασόλια. Αλατοπιπερώνουμε.

Σάλτσα:

e) Βάλτε μια μεγάλη κατσαρόλα σε μέτρια φωτιά, προσθέστε 1 φλιτζάνι ζωμό λαχανικών και πάστα mole. Ταραχή.

f) Μόλις διαλυθεί η πάστα και το μείγμα σιγοβράσει, προσθέστε το δεύτερο φλιτζάνι ζωμό λαχανικών. Θα φαίνεται ότι ο τυφλοπόντικας είναι πολύ λεπτός, αλλά μόλις κρυώσει έστω και λίγο ο τυφλοπόντικας πήζει. Αφήνουμε να σιγοβράσει, ανακατεύουμε και αποσύρουμε από τη φωτιά.

g) Φέρνοντάς τα όλα μαζί

h) Βεβαιωθείτε ότι ο τυφλοπόντικας σας έχει τη σωστή σύσταση, θα πρέπει να έχει τη σύσταση μιας αραιής σούπας κρέμας, προσαρμόστε όπως χρειάζεται με ζωμό λαχανικών.

i) Προσθέστε πατατάκια, χόρτα και φασόλια στην κατσαρόλα με το κρεατοελιά. Ανακατεύουμε καλά να επικαλυφθεί. Σερβίρετε αμέσως και από πάνω προσθέτετε κρέμα αμυγδάλου, vegan queso cotija και κρεμμύδι.

30. Torta Ahogada

Μερίδες: 2 τορτίγιες

Συστατικά
Tortas:
- 2 ρολά Bolillo ή μπαγκέτες μήκους 6 ιντσών, χωρισμένες στη μέση
- 1 φλιτζάνι τηγανητά φασόλια, χρησιμοποιώντας μαύρα φασόλια
- 1 Ώριμο αβοκάντο, χωρίς κουκούτσι, ξεφλουδισμένο

Σάλτσα:
- 30 Chiles of Arbol, με μίσχο, σπόρους και επανυδατωμένα
- 3 σκελίδες σκόρδο
- 1 φλιτζάνι Νερό
- 1 κουτ. Αποξηραμένη μεξικάνικη ρίγανη
- 1/2 κουτ. Αλεσμένο κύμινο
- 1/2 κουτ. Φρεσκοτριμμένο μαύρο πιπέρι
- 1/8 κουτ. Αλεσμένα γαρίφαλα
- 1 κουτ. Αλας

Γαρνιτούρες:
- 2 Ραπανάκια, κομμένα σε λεπτές φέτες
- 8 με 12 λευκά κρεμμύδια τουρσί, χωρισμένα σε ροδέλες
- Σφήνες ασβέστη

Κατευθύνσεις
Τόρτας

α) Φρυγανίζουμε ελαφρά τα ρολά ή τις μπαγκέτες. Ζεσταίνουμε τα φασόλια και τα απλώνουμε ομοιόμορφα σε κάθε ρολό. Προσθέστε τις φέτες αβοκάντο. Τοποθετήστε τα σάντουιτς σε μπολ.

Σάλτσα:

b) Σε ένα μπλέντερ ή στον επεξεργαστή τροφίμων, πολτοποιήστε την επανυδατωμένη τσίλι arbol, το σκόρδο, τη μεξικάνικη νερορίγανη, το κύμινο, το πιπέρι, τα γαρίφαλα και το αλάτι. (Στραγγίστε αν θέλετε μια πολύ λεία σάλτσα.)

c) Περιχύνουμε με τη σάλτσα τα σάντουιτς. Γαρνίρετε τα σάντουιτς με τα ραπανάκια και τα τουρσί κρεμμύδια και σερβίρετε με φέτες λάιμ. Φάτε αυτές τις τόρτες με ένα πιρούνι και πολλές χαρτοπετσέτες.

1.

31. <u>**Μεξικάνικα φασόλια καουμπόη**</u>

Μερίδες: 6 μερίδες

Συστατικά
- ½ λίβρα. φασόλια Pinto αποξηραμένα
- 1 Κρεμμύδι, λευκό, μεγάλο
- 3 σκελίδες σκόρδο, λιωμένες
- 2 κλωναράκια κόλιαντρο
- ¼ φλιτζάνι ζωμός λαχανικών ή νερό
- 6 ουγκιές. (3/4 φλιτζάνι) Vegan chorizo
- 2 τσίλι Serrano, κιμά
- 1 ντομάτα μεγάλη σε κύβους

Κατευθύνσεις
a) Μουλιάζουμε τα φασόλια σε νερό όλη τη νύχτα.
b) Την επόμενη μέρα τα σουρώνουμε και τα τοποθετούμε σε μια μεγάλη κατσαρόλα. Ρίξτε αρκετό νερό στην κατσαρόλα για να γεμίσει τα ¾ της διαδρομής.
c) Κόψτε το κρεμμύδι σας στη μέση. Βάζουμε ½ το κρεμμύδι, τα κλωναράκια κόλιανδρου και 3 σκελίδες σκόρδο στην κατσαρόλα με τα φασόλια. Κρατήστε το άλλο μισό κρεμμύδι.
d) Βράστε το νερό και αφήστε τα φασόλια να μαλακώσουν μέχρι να μαλακώσουν, περίπου 1 ½ ώρα.
e) Όσο ψήνονται τα φασόλια ζεσταίνουμε ένα μεγάλο τηγάνι σε μέτρια προς δυνατή φωτιά. Προσθέστε chorizo και σοτάρετε μέχρι να ροδίσουν ελαφρά, περίπου 4 λεπτά. Όσο ψήνεται το chorizo, κόβουμε σε κύβους το άλλο μισό κρεμμύδι.
f) Βγάζουμε το chorizo από το τηγάνι και το αφήνουμε στην άκρη. Προσθέστε ¼ φλιτζάνι νερό, το κρεμμύδι ψιλοκομμένο και τις πιπεριές σεράνο στο τηγάνι. Ιδρώστε

το κρεμμύδι και το τσίλι μέχρι να μαλακώσουν και να γίνουν διάφανα, περίπου 4-5 λεπτά. Προσθέστε την ντομάτα και αφήστε να μαγειρευτεί για 7-8 λεπτά ακόμη ή μέχρι να διαλυθεί η ντομάτα και να βγάλει όλους τους χυμούς της.

g) Προσθέστε αυτό το μείγμα και το chorizo στην κατσαρόλα με τα φασόλια και αφήστε το να σιγοβράσει για άλλα 20 λεπτά ή μέχρι να μαλακώσουν εντελώς τα φασόλια. Αλατοπιπερώνετε με αλάτι και πιπέρι.

h) Πριν σερβίρετε, αφαιρέστε το μισό κρεμμύδι, το κλωναράκι κόλιανδρου και τις σκελίδες σκόρδου από τα φασόλια. Αλατοπιπερώνουμε

32.   <u>Μεξικάνικο καστανό ρύζι</u>

Μερίδες: 3 μερίδες

Συστατικά
- 1 φλιτζάνι καστανό ρύζι, μακρύκοκκο
- $\frac{1}{4}$ κρεμμύδι, λευκό
- 3 σκελίδες σκόρδο
- 1 $\frac{1}{2}$ φλιτζάνι ντομάτα, κομμένη σε κύβους
- 1 κ.γ. τοματοπολτός
- 1 $\frac{1}{2}$ φλιτζάνι ζωμό λαχανικών, ζωμού ή ζωμού
- $\frac{1}{2}$ κουτ. Αλάτι, kosher
- 1 φλιτζάνι αρακάς, κατεψυγμένος

Κατευθύνσεις
a) Μουλιάζουμε το καστανό ρύζι σε κρύο νερό όλη τη νύχτα.
b) Στραγγίζουμε το ρύζι. Βάζουμε μια κατσαρόλα σε μέτρια φωτιά και προσθέτουμε το ρύζι. Ανακατεύουμε συχνά και αφήνουμε το ρύζι να φρυγανίσει μέχρι να ροδίσει, περίπου 8-10 λεπτά.
c) Εν τω μεταξύ ανακατεύουμε την ντομάτα, το κρεμμύδι, το σκόρδο και τον πελτέ ντομάτας μέχρι να ομογενοποιηθούν. Ενταση. Θα πρέπει να καταλήξετε με 1 φλιτζάνι πουρέ. Εάν δεν το κάνετε, προσθέστε αρκετό ζωμό λαχανικών για να το κάνετε ένα φλιτζάνι.
d) Ρίχνουμε τον πελτέ ντομάτας στην κατσαρόλα με το ρύζι και τον αφήνουμε να σιγοβράσει για 2 λεπτά. Προσθέστε το 1$\frac{1}{2}$ φλιτζάνι ζωμό λαχανικών. Προσθέστε $\frac{1}{2}$ κουταλάκι του γλυκού αλάτι και ανακατέψτε. Σκεπάζουμε και χαμηλώνουμε τη φωτιά σε χαμηλή φωτιά. Αφήστε το να ψηθεί για 35 - 40 λεπτά.

e) Αποσύρουμε το τηγάνι από τη φωτιά και αφήνουμε να ξεκουραστεί σκεπασμένο για 7 λεπτά.

f) Εν τω μεταξύ, ρίξτε τα μπιζέλια σε βραστό νερό μέχρι να μαλακώσουν, περίπου 1 λεπτό, στραγγίστε τα.

g) Προσθέστε τον αρακά στο ρύζι και αφρατέψτε με ένα πιρούνι.

33. Arroz a la Mexicana

8 μερίδες

Συστατικά
- 2 σκελίδες σκόρδο, ψιλοκομμένες
- 1 κουταλάκι του γλυκού αλάτι
- 2-1/3 φλιτζάνια ζωμό κοτόπουλου με χαμηλή περιεκτικότητα σε νάτριο
- 1/4 φλιτζάνι έξτρα παρθένο ελαιόλαδο
- 1-1/2 φλιτζάνι ρύζι μακριού κόκκου
- 1/3 φλιτζάνι ψητές ντομάτες θρυμματισμένες ή υποκατάστατη σάλτσα ντομάτας
- 1/3 φλιτζάνι καρότο καθαρισμένο και τριμμένο
- 1 φλιτζάνι λευκό κρεμμύδι σε φέτες, πάχους 1/4 ίντσας
- 1 φλιτζάνι τσίλι Poblano κομμένο σε φέτες, πάχος 1/4 ίντσας 1/4 φλιτζάνι κατεψυγμένα μπιζέλια

Κατευθύνσεις

a) Ετοιμάζουμε το ζωμό. Βάλτε το σκόρδο και το αλάτι στο μπλέντερ, προσθέστε 1 φλιτζάνι από το ζωμό και πολτοποιήστε. Προσθέστε τον υπόλοιπο ζωμό και ανακατέψτε ξανά να ανακατευτούν καλά. Αποθεματικό.

b) Τηγανίζουμε το ρύζι. Ζεσταίνουμε μια μεγάλη κατσαρόλα (μου αρέσει να χρησιμοποιώ ολλανδικό φούρνο από χυτοσίδηρο) σε μέτρια φωτιά, προσθέτουμε το ελαιόλαδο και ανακατεύουμε το ρύζι. Βράζουμε το ρύζι, ανακατεύοντας συχνά, μέχρι να ροδίσει. Αν χρειαστεί, χαμηλώστε τη φωτιά για να μην καεί. Όταν γίνει, σε 5-8 λεπτά, θα ακούσετε έναν ήχο σαν άμμο να πετιέται σε μεταλλικό δοχείο.

c) Βράζουμε τη σάλτσα στο ρύζι. Ανακατεύουμε τη θρυμματισμένη ντομάτα ή τη σάλτσα ντομάτας μέσα στο καστανό ρύζι, μειώνουμε τη φωτιά σε μέτρια ή λίγο παραπάνω και μαγειρεύουμε, ανακατεύοντας σχεδόν συνεχώς, μέχρι σχεδόν.

d) όλα τα υγρά έχουν εξατμιστεί και οι κόκκοι του ρυζιού δεν κολλάνε πλέον μεταξύ τους, περίπου 5 λεπτά. Αυτό είναι πολύ σημαντικό, καθώς όσο πιο υγρό εξατμίζεται, τόσο πιο ελαφρύ θα είναι το ρύζι.

e) Στην αρχή θα νομίζετε ότι δεν πρόκειται να συμβεί ποτέ, αλλά θα γίνει. Προς το τέλος, λίγο από το ρύζι μπορεί να αρχίσει να καίγεται. Λίγο από αυτό προσθέτει στη γεύση, αλλά χαμηλώστε τη φωτιά για να το ελαχιστοποιήσετε.

f) Μαγειρέψτε το ρύζι. Ανακατεύουμε για λίγο το μείγμα του ζωμού και το ρίχνουμε στην κατσαρόλα με το ρύζι. Δυναμώνουμε τη φωτιά και προσθέτουμε τα καρότα, το κρεμμύδι σε φέτες, το poblano και τον κατεψυγμένο αρακά. Φέρτε τον ζωμό σε πλήρη βράση, σκεπάστε την κατσαρόλα, χαμηλώστε τη φωτιά όσο μπορείτε για να κρατήσει τον ζωμό σε βράση και μαγειρέψτε για 15 λεπτά.

g) Αποσύρουμε την κατσαρόλα από τη φωτιά και αφήνουμε το ρύζι να αχνίσει για 10 λεπτά. Αφαιρούμε το καπάκι και ανακατεύουμε απαλά το ρύζι με ένα πιρούνι για να χωριστούν οι κόκκοι. Σκεπάζουμε την κατσαρόλα και αφήνουμε το ρύζι να αχνίσει για 10 λεπτά ακόμα.

34. Ρύζι σαφράν

8-10 μερίδες

Συστατικά
- 1 πρέζα (περίπου 1/4 συσκευασμένο κουταλάκι του γλυκού) κλωστές σαφράν
- 3 φλιτζάνια ζωμό κοτόπουλου με χαμηλή περιεκτικότητα σε νάτριο
- 4 σκελίδες σκόρδο, ψιλοκομμένες
- 1 κουταλάκι του γλυκού αλάτι
- 1/2 κουταλιά της σούπας φρεσκοστυμμένο χυμό λάιμ
- 2 κουταλιές της σούπας έξτρα παρθένο ελαιόλαδο
- 1-1/2 φλιτζάνι ρύζι γιασεμί ή αντικαταστήστε οποιοδήποτε καλό μακρόσκοκο ρύζι 1/4 φλιτζάνι ψιλοκομμένο λευκό κρεμμύδι
- 1 μέτριο σεράνο τσίλι, οι σπόροι και οι φλέβες αφαιρούνται και ψιλοκομμένο
- 2 κουταλιές της σούπας μαϊντανό ψιλοκομμένο

Κατευθύνσεις
a) Ρίξτε τον ζωμό με σαφράν. Τοποθετήστε το σαφράν σε ένα ανθεκτικό στη θερμότητα μπολ. Φέρτε 1 φλιτζάνι ζωμό να πάρει μια βράση και περιχύστε με το σαφράν. Βράζετε το μείγμα για τουλάχιστον 15 λεπτά.
b) Φτιάξτε το υπόλοιπο υγρό μαγειρέματος. Βάζουμε 3 από τις ψιλοκομμένες σκελίδες σκόρδου και το αλάτι στο μπλέντερ, προσθέτουμε τα υπόλοιπα 2 φλιτζάνια ζωμό και το χυμό λάιμ και ανακατεύουμε μέχρι να γίνουν πουρές.
c) Βράζουμε το ρύζι στο λάδι. Προσθέστε την υπόλοιπη ψιλοκομμένη σκελίδα σκόρδου, το κρεμμύδι και το τσίλι στο ρύζι και ανακατέψτε για 1 λεπτό.

d) Ανακατέψτε το μείγμα του αναμεμειγμένου ζωμού και τον ζωμό με σαφράν και αφήστε το να πάρει μια βράση. Σκεπάζετε την κατσαρόλα, χαμηλώνετε τη φωτιά όσο το δυνατόν πιο χαμηλά, κρατώντας το υγρό σε μέτρια φωτιά και μαγειρεύετε το ρύζι για 15 λεπτά.

e) Τελειώστε το ρύζι. Αποσύρουμε την κατσαρόλα από τη φωτιά και αφήνουμε το ρύζι να αχνίσει σκεπασμένο για 10 λεπτά. Αφαιρούμε το καπάκι και ανακατεύουμε προσεκτικά το ρύζι με ένα πιρούνι για να χωριστούν οι κόκκοι. Ρίξτε μέσα τον μαϊντανό, επανατοποθετήστε το καπάκι και αφήστε το ρύζι να κάτσει για άλλα 10 λεπτά πριν το σερβίρετε.

35. Arroz Huerfano

8-10 μερίδες

Συστατικά
- Ρύζι σαφράν
- 1 κουταλιά της σούπας υποκατάστατο μαγειρικού λαδιού
- 1/2 φλιτζάνι αμύγδαλα ασπρισμένα σε φέτες
- 1/3 φλιτζάνι κουκουνάρι
- 3 ουγγιές ζαμπόν χαμηλότερης περιεκτικότητας σε νάτριο, ψιλοκομμένο

Κατευθύνσεις
a) Σοτάρουμε τους ξηρούς καρπούς. Ενώ το σαφράν ρύζι ψήνεται, ζεσταίνουμε ένα τηγάνι σε μέτρια φωτιά. Προσθέτουμε το μαγειρικό λάδι και όταν λιώσει προσθέτουμε τους ξηρούς καρπούς.
b) Σοτάρουμε τους ξηρούς καρπούς ανακατεύοντας συνεχώς μέχρι να αρχίσουν να ροδίζουν τα αμύγδαλα. Αποσύρουμε το τηγάνι από τη φωτιά, ρίχνουμε μέσα το ζαμπόν και το αφήνουμε στην άκρη.
c) Τελειώστε το ρύζι. Αφού προσθέσετε τον μαϊντανό στο σαφράν ρύζι, ανακατέψτε τους βρασμένους ξηρούς καρπούς και το ζαμπόν, σκεπάστε την κατσαρόλα και αφήστε το ρύζι να αχνίσει για τα τελευταία 10 λεπτά.

36. **Frijoles de Olla (φασόλια κατσαρόλας)**

Περίπου 12 μερίδες μισής κούπας

Συστατικά
- 4 λίτρα νερό
- 3 κουταλιές της σούπας αλάτι
- 1 κιλό pinto ή μαύρα φασόλια
- 3 σκελίδες σκόρδο, ψιλοκομμένες
- 1/3 φλιτζάνι ψιλοκομμένα λευκά κρεμμύδια
- 1 κουταλάκι του γλυκού αποξηραμένο φύλλο ρίγανης
- 1 λίτρο νερό, συν λίγο περισσότερο, αν χρειαστεί
- 2 κλωναράκια επαζότη (προαιρετικά με μαύρα φασόλια)
- Αλάτι για γεύση

Κατευθύνσεις
a) Ζεσταίνουμε και μουλιάζουμε τα φασόλια. Βάλτε τα 4 λίτρα νερό, το αλάτι και τα φασόλια σε μια κατσαρόλα.

b) Αφήνουμε να πάρει μια πλήρη βράση, σκεπάζουμε την κατσαρόλα, την αποσύρουμε από τη φωτιά και αφήνουμε τα φασόλια να κάτσουν για 1 ώρα.

c) Πετάξτε το νερό που μουλιάζει, ξεπλύνετε καλά τα φασόλια, ξεπλύνετε την κατσαρόλα και επιστρέψτε τα φασόλια σε αυτήν.

d) Τελειώστε τα φασόλια. Βάζουμε στο μπλέντερ το σκόρδο, το κρεμμύδι, τη ρίγανη και 1 φλιτζάνι νερό και τα πολτοποιούμε. Προσθέστε άλλα 3 φλιτζάνια νερό και ανακατέψτε για λίγο.

e) Ρίχνουμε το ανακατεμένο υγρό στην κατσαρόλα με τα φασόλια, το αφήνουμε να πάρει μια βράση και προσθέτουμε τον επαζότη, αν χρησιμοποιήσουμε. Σιγοβράζουμε τα φασόλια, σκεπασμένα εκτός από περίπου 1/2 ίντσα, ή ίσα-ίσα για να διαφύγει λίγος ατμός, μέχρι να μαλακώσουν.

37. <u>Charro ή μεθυσμένα φασόλια</u>

Περίπου 7 φλιτζάνια ή 14 μερίδες μισής κούπας

Συστατικά
- Frijoles de Olla
- 1/2 κουταλιά της σούπας έξτρα παρθένο ελαιόλαδο
- 1-1/2 ουγγιές (περίπου 3 κουταλιές της σούπας) μεξικάνικο chorizo, ξεφλουδισμένο και ψιλοκομμένο
- 3/4 φλιτζάνι ψιλοκομμένο λευκό κρεμμύδι
- 2 σκελίδες σκόρδο, ψιλοκομμένες
- 1 κουταλιά της σούπας ψιλοκομμένο σεράνο τσίλι
- 1 φλιτζάνι ντομάτες θρυμματισμένες
- 1/2 κουταλιά της σούπας ρίγανη αποξηραμένο φύλλο
- 1/4 φλιτζάνι κόλιαντρο χαλαρά συσκευασμένο

Κατευθύνσεις
a) Σοτάρουμε και προσθέτουμε τα λαχανικά. Όταν οι Frijoles de Olla είναι σχεδόν έτοιμοι, ζεσταίνουμε το ελαιόλαδο σε ένα τηγάνι σε μέτρια φωτιά. Προσθέστε το chorizo και μαγειρέψτε μέχρι να μαλακώσει το μεγαλύτερο μέρος του λίπους. Προσθέστε το κρεμμύδι, το σκόρδο και το τσίλι και συνεχίστε το μαγείρεμα μέχρι να αρχίσουν να μαλακώνουν.
b) Προσθέτουμε τις ντομάτες και τη ρίγανη και συνεχίζουμε το μαγείρεμα μέχρι οι θρυμματισμένες ντομάτες να αρχίσουν να πήζουν και να χάσουν την λαχταριστή τους γεύση, περίπου 5 λεπτά.
c) Προσθέστε τον κόλιαντρο και στη συνέχεια ρίξτε το περιεχόμενο του τηγανιού στα φασόλια.
d) Τελειώστε τα φασόλια. Προσθέτουμε το αλάτι και σιγοβράζουμε για 5 λεπτά.

38. <u>**Frijoles Refritos (τηγανητά φασόλια)**</u>

4 μερίδες μισής κούπας

Συστατικά
- 2 φλιτζάνια Frijoles de Olla φτιαγμένα με pinto ή μαύρα φασόλια, ή ελαφρώς αλατισμένα ή ανάλατα φασόλια, ζωμός κρατημένος
- 1 φλιτζάνι ζωμό φασολιών
- 2 κουταλάκια του γλυκού κιμά chipotle τσίλι
- 1/2 κουταλάκι του γλυκού αλεσμένο κύμινο
- 1/2 κουταλάκι του γλυκού αποξηραμένο φύλλο ρίγανης
- 2 κουταλιές της σούπας έξτρα παρθένο ελαιόλαδο
- 2 σκελίδες σκόρδο, ψιλοκομμένες

Κατευθύνσεις
a) Επεξεργαστείτε τα φασόλια. Βάλτε τα φασόλια σε ένα πολυμηχάνημα και προσθέστε το ζωμό, το chipotle chile, το κύμινο και τη ρίγανη. Επεξεργάζεστε μέχρι τα φασόλια να γίνουν λεία, προσθέτοντας περισσότερο ζωμό αν φαίνονται πολύ παχύρρευστα.
b) Μαγειρέψτε τα φασόλια. Ζεσταίνουμε ένα τηγάνι σε μέτρια φωτιά και προσθέτουμε το λίπος ή το λάδι. Προσθέστε το σκόρδο και αφήστε το να μαγειρευτεί για λίγα δευτερόλεπτα και μετά προσθέστε τα πολτοποιημένα φασόλια. Μαγειρέψτε, ανακατεύοντας συνεχώς, μέχρι να ζεσταθούν τα φασόλια και να γίνουν όσο πυκνά ή λεπτά θέλετε.
c) Σερβίρουμε με το τυρί, αν θέλουμε.

39.   <u>Φασόλια τύπου Santa Maria</u>

Περίπου 14 μερίδες μισής κούπας

Συστατικά
- 1 κιλό φασόλια pinquito, μουλιασμένα
- 1 κουταλιά της σούπας έξτρα παρθένο ελαιόλαδο
- 1/2 φλιτζάνι ζαμπόν με χαμηλό νάτριο, κομμένο σε κύβους 1/4 ίντσας
- 3 σκελίδες σκόρδο, ψιλοκομμένες
- 3/4 φλιτζανιού ντομάτες θρυμματισμένες
- 1/4 φλιτζάνι σάλτσα Χιλής
- 1 κουταλιά της σούπας νέκταρ αγαύης ή ζάχαρη
- 2 κουταλιές της σούπας μαϊντανό ψιλοκομμένο

Κατευθύνσεις
a) Μαγειρέψτε τα φασόλια. Στραγγίζουμε τα φασόλια, τα τοποθετούμε σε μια κατσαρόλα και τα σκεπάζουμε με νερό κατά περίπου 1 ίντσα. Τα αφήνετε να πάρουν βράση, σκεπάζετε εν μέρει την κατσαρόλα και σιγοβράζετε μέχρι να μαλακώσουν, 45-90 λεπτά. Να τα ελέγχετε συχνά γιατί πιθανότατα θα πρέπει να προσθέτετε περισσότερο νερό από καιρό σε καιρό.

b) Ετοιμάστε τη σάλτσα καρυκευμάτων.

c) Βάλτε το ελαιόλαδο σε ένα τηγάνι σε μέτρια φωτιά και προσθέστε το σκόρδο και μαγειρέψτε για 1 λεπτό. Προσθέστε τις ντομάτες, τη σάλτσα Chile, το νέκταρ αγαύης και το αλάτι και σιγοβράστε τη σάλτσα μέχρι να αρχίσει να πήζει, για 2-3 λεπτά.

d) Τελειώστε τα φασόλια. Όταν τα φασόλια είναι μαλακά, στραγγίστε όλα εκτός από περίπου 1/2 φλιτζάνι από το υγρό και ανακατέψτε με τη σάλτσα καρυκευμάτων. Βράζετε τα φασόλια για 1 λεπτό, ρίχνετε μέσα τον μαϊντανό και σερβίρετε.

ΡΑΤΖΑΣ

40. Seed Rajas

Συστατικά

- 2 κουταλιές της σούπας έξτρα παρθένο ελαιόλαδο
- 1 μέτριο λευκό κρεμμύδι, κομμένο σε φέτες 1/4 ίντσας
- 2 μέτρια τσίλι Poblano, με μίσχο, σπόρους και κομμένα σε φέτες 1/4 ίντσας
- 3/4 κουταλάκι του γλυκού αλάτι kosher
- Φρεσκοτριμμένο μαύρο πιπέρι, για γεύση
- Χυμός από 1/2 λάιμ, ή για γεύση

Κατευθύνσεις

a) Ζεσταίνουμε ένα τηγάνι 12 ιντσών σε μέτρια προς δυνατή φωτιά. Προσθέστε το ελαιόλαδο, τα κρεμμύδια και τα τσίλι και μαγειρέψτε, ανακατεύοντας σχεδόν συνεχώς, μέχρι να μαλακώσουν τα τσίλι, να αρχίσουν να χρυσίζουν και να ανθίσουν λίγο.

b) Προσθέτουμε το αλάτι, το πιπέρι και το χυμό λάιμ, ανακατεύουμε καλά και σερβίρουμε.

41. **Καραμελωμένα Rajas**

Συστατικά

- 2 κουταλιές της σούπας έξτρα παρθένο ελαιόλαδο
- 2 μέτρια λευκά κρεμμύδια, ξεφλουδισμένα, κομμένα σε φέτες 1/4 ίντσας, 3/4 κουταλάκι του γλυκού αλάτι kosher
- 3 σκελίδες σκόρδο, κομμένες σε λεπτές φέτες
- 2 μέτρια τσίλι Poblano, ψημένα, ξεφλουδισμένα, ξεσποριασμένα και κομμένα σε φέτες 1/4 ίντσας.
- Φρεσκοτριμμένο μαύρο πιπέρι, για γεύση
- Χυμός από 1/2 λάιμ, ή για γεύση

Κατευθύνσεις

a) Ζεσταίνουμε ένα τηγάνι 12 ιντσών σε μέτρια φωτιά. Προσθέστε το ελαιόλαδο, τα κρεμμύδια και το αλάτι, που θα βοηθήσουν τα κρεμμύδια να βγάλουν τα υγρά τους.

b) Μαγειρέψτε, ανακατεύοντας συχνά, μέχρι να αρχίσουν να παίρνουν χρώμα τα κρεμμύδια και μετά μειώστε τη φωτιά σε μέτρια προς χαμηλή. Συνεχίστε να μαγειρεύετε τα κρεμμύδια αργά, ανακατεύοντας συχνά και ρυθμίζοντας τη θερμοκρασία για να μην καούν, μέχρι να ροδίσουν.

c) Προσθέστε το σκόρδο και τα ψητά τσίλι Poblano και μαγειρέψτε μέχρι να μαλακώσουν το σκόρδο και τα τσίλι. Ανακατεύουμε με την πιπεριά και το χυμό λάιμ και σερβίρουμε.

42. Rajas πιπεριάς

Απόδοση: 6 μερίδες

Συστατικό
- ½ κάθε πράσινη πιπεριά
- ½ κάθε κόκκινη πιπεριά
- ½ κάθε κίτρινη πιπεριά
- ¾ φλιτζάνι τυρί Monterey Jack? Ψιλοκομμένο
- 2 κουταλιές της σούπας ώριμες ελιές ψιλοκομμένες
- ¼ κουταλάκι του γλυκού κόκκινο πιπέρι?

Θρυμματισμένο

Κατευθύνσεις
a) Κόψτε τις λωρίδες πιπεριάς σταυρωτά στη μέση.
b) Τοποθετούμε σε ταψί για πίτες χωρίς λαδόκολλα, 9 Χ 1¼ ίντσες ή στρογγυλό ταψί 9 Χ 2 ίντσες. Πασπαλίζουμε με τυρί, ελιές και κόκκινο πιπέρι.
c) Ρυθμίστε τον έλεγχο του φούρνου στο ψήσιμο. Ψήστε τις πιπεριές με τις κορυφές 3 έως 4 ίντσες από τη φωτιά μέχρι να λιώσει το τυρί, περίπου 3 λεπτά.

43. Κρεμώδη ράτζας

Απόδοση: 1 μερίδα

Συστατικό

- ½ φλιτζάνι ελαιόλαδο
- 2 μέτρια κρεμμύδια, κομμένα στη μέση και κομμένα σε φέτες 1/4 ίντσας, κατά μήκος
- 4 μέτριες κόκκινες πιπεριές, ψητές, καθαρισμένες, ξεσποριασμένες και ζουλιέν
- 1 φλιτζάνι παχύρρευστη κρέμα
- ¾ φλιτζάνι διαβαθμισμένο τυρί Manchego ή Monterey Jack
- ⅔ φλιτζάνι τριμμένο τυρί Cotija, Romano ή παρμεζάνα

Κατευθύνσεις

a) Σε ένα μεγάλο τηγάνι ζεσταίνουμε το λάδι σε μέτρια φωτιά. Σοτάρουμε τα κρεμμύδια με το αλάτι και το πιπέρι μέχρι να αρχίσουν να μαραίνονται και να ροδίζουν, για 8 με 10 λεπτά. Ανακατεύουμε τις κόκκινες πιπεριές και τα τσίλι.
b) Ρίχνουμε την παχύρρευστη κρέμα, αφήνουμε να πάρει μια βράση και σιγοβράζουμε. Μαγειρέψτε για 4 λεπτά ή μέχρι να αρχίσει να πήζει η κρέμα. Προσθέτουμε το τριμμένο τυρί και αποσύρουμε από τη φωτιά. Σερβίρετε αμέσως.

44. Rajas και μανιτάρια

Απόδοση: 1 μερίδα

Συστατικό
- 8 jalapeño chilis
- 8 φλιτζάνια μανιτάρια
- 1 κρεμμύδι
- 4 σκελίδες σκόρδο
- 1 κλωνάρι Epazote
- Λάδι
- Αλας

Κατευθύνσεις
a) Πλένουμε καλά τα μανιτάρια. Τα κόβουμε σε φέτες και τα τηγανίζουμε σε χαμηλή φωτιά για περίπου 10 λεπτά να βγάλουν το ζουμί τους. Βάλε αλάτι. Κόβουμε σε φέτες τα κρεμμύδια. Ψιλοκόβουμε τις σκελίδες σκόρδο και τον επαζότη.
b) Ανοίξτε το τσίλι και κόψτε σε φέτες (σχηματίζοντας ράτζες ή λωρίδες).
c) Στραγγίζουμε τα μανιτάρια και τα τηγανίζουμε σε λίγο λάδι μαζί με τα κρεμμύδια, το σκόρδο, τον επαζότη και το τσίλι. Σερβίρουμε με ζεστές τορτίγιες.

ΤΑΚΟΣ

45.   Rajas con Crema Tacos

Συστατικά
Πλήρωση:
- 5 πιπεριές Poblano, ψητές, καθαρισμένες, ξεσποριασμένες, κομμένες σε λωρίδες
- 1/4 νερό
- 1 Κρεμμύδι, λευκό, μεγάλο, κομμένο σε λεπτές φέτες
- 2 σκελίδες σκόρδο, ψιλοκομμένες
- $\frac{1}{2}$ φλιτζάνι ζωμός λαχανικών ή ζωμός

Κρέμα
- $\frac{1}{2}$ φλιτζάνι αμύγδαλα, ωμά
- 1 σκελίδα Σκόρδο
- $\frac{3}{4}$ φλιτζάνι νερό
- $\frac{1}{4}$ φλιτζάνι γάλα αμυγδάλου, χωρίς ζάχαρη ή φυτικό λάδι
- 1 κ.γ. Χυμός λεμονιού φρέσκος

Κατευθύνσεις
a) Ζεσταίνουμε ένα μεγάλο τηγάνι σε μέτρια φωτιά, προσθέτουμε νερό. Προσθέστε το κρεμμύδι και ιδρώστε για 2-3 λεπτά ή μέχρι να γίνει τρυφερό και διάφανο.
b) Προσθέστε το σκόρδο και $\frac{1}{2}$ φλιτζάνι ζωμό λαχανικών, σκεπάστε και αφήστε τον ατμό.
c) Προσθέστε τις πιπεριές Poblano και αφήστε να ψηθούν για 1 λεπτό ακόμα. Αλατοπιπερώνουμε. Αποσύρουμε από τη φωτιά και αφήνουμε να κρυώσει ελαφρώς.
d) Τοποθετήστε τα αμύγδαλα, το σκόρδο, το νερό, το γάλα αμυγδάλου και το χυμό λεμονιού στο μπλέντερ και τα επεξεργαστείτε μέχρι να ομογενοποιηθούν. Αλατοπιπερώνουμε.
e) Περιχύνουμε την κρυωμένη γέμιση με την κρέμα αμυγδάλου και ανακατεύουμε καλά.

46. **Τίνγκα τάκος γλυκοπατάτας και καρότου**

Συνολικός χρόνος-30 λεπτά

Συστατικά
- 1/4 φλιτζάνι νερό
- 1 φλιτζάνι λευκό κρεμμύδι σε λεπτές φέτες
- 3 σκελίδες σκόρδο, ψιλοκομμένες
- 2 1/2 φλιτζάνια διαβαθμισμένες γλυκοπατάτες
- 1 φλιτζάνι τριμμένο καρότο
- 1 κονσέρβα (14 oz.) ντομάτες σε κύβους
- 1 κουτ. Μεξικάνικη ρίγανη (προαιρετικά)
- 2 πιπεριές Chipotle σε adobo
- 1/2 φλιτζάνι ζωμός λαχανικών
- 1 αβοκάντο, κομμένο σε φέτες
- 8 τορτίγιες

Κατευθύνσεις
a) Σε ένα μεγάλο τηγάνι σε μέτρια φωτιά, προσθέστε νερό και το κρεμμύδι, μαγειρέψτε για 3-4 λεπτά, μέχρι το κρεμμύδι να γίνει διάφανο και μαλακό. Προσθέστε το σκόρδο και συνεχίστε το μαγείρεμα, ανακατεύοντας, για 1 λεπτό.
b) Προσθέστε τη γλυκοπατάτα και το καρότο στο τηγάνι και μαγειρέψτε για 5 λεπτά, ανακατεύοντας συχνά.
c) Σάλτσα:
d) Βάλτε τις ντομάτες σε κύβους, το ζωμό λαχανικών, τη ρίγανη και τις πιπεριές chipotle στο μπλέντερ και επεξεργαστείτε μέχρι να ομογενοποιηθούν.
e) Προσθέστε τη σάλτσα chipotle-ντομάτας στο τηγάνι και μαγειρέψτε για 10-12 λεπτά, ανακατεύοντας κατά διαστήματα, μέχρι να ψηθούν οι γλυκοπατάτες και τα

καρότα. Εάν χρειάζεται, προσθέστε περισσότερο ζωμό λαχανικών στο τηγάνι.

f) Σερβίρουμε σε ζεστές τορτίγιες και από πάνω ρίχνουμε φέτες αβοκάντο.

47. <u>Πατάτα και Chorizo Tacos</u>

Μερίδες: 4 μερίδες

Συστατικά
- 1 κ.γ. Φυτικό λάδι, προαιρετικά
- 1 φλιτζάνι Κρεμμύδι, λευκό, ψιλοκομμένο
- 3 φλιτζάνια πατάτες καθαρισμένες, κομμένες σε κύβους
- 1 φλιτζάνι Vegan chorizo, μαγειρεμένο
- 12 τορτίγιες
- 1 φλιτζάνι η αγαπημένη σας σάλτσα

Κατευθύνσεις
a) Ζεσταίνουμε 1 κ.γ. λάδι σε ένα μεγάλο τηγάνι σε μέτρια προς χαμηλή φωτιά. Προσθέστε τα κρεμμύδια και μαγειρέψτε μέχρι να μαλακώσουν και να γίνουν διάφανα, περίπου 10 λεπτά .
b) Όσο ψήνονται τα κρεμμύδια, τοποθετήστε τις κομμένες πατάτες σας σε μια μικρή κατσαρόλα με αλατισμένο νερό. Φέρνουμε το νερό να σιγοβράσει σε δυνατή φωτιά. Χαμηλώνουμε τη φωτιά σε μέτρια και αφήνουμε τις πατάτες να ψηθούν για 5 λεπτά.
c) Στραγγίζουμε τις πατάτες και τις προσθέτουμε στο τηγάνι με το κρεμμύδι. Ανεβάστε τη θερμότητα σε μέτρια προς υψηλή. Μαγειρέψτε τις πατάτες και τα κρεμμύδια για 5 λεπτά ή μέχρι να αρχίσουν να ροδίζουν οι πατάτες. Προσθέστε περισσότερο λάδι εάν χρειάζεται.
d) Προσθέστε το μαγειρεμένο chorizo στο τηγάνι και ανακατέψτε καλά. Μαγειρέψτε για ένα λεπτό ακόμα.
e) Αλατοπιπερώνουμε.
f) Σερβίρετε με ζεστές τορτίγιες και τη σάλτσα της επιλογής σας.

48. <u>Καλοκαιρινές Calabacitas Tacos</u>

Μερίδες: 4 μερίδες

Συστατικά
- 1/2 φλιτζάνι ζωμό λαχανικών
- 1 φλιτζάνι Κρεμμύδι, λευκό, ψιλοκομμένο
- 3 σκελίδες σκόρδο, ψιλοκομμένες
- $\frac{1}{4}$ φλιτζάνι ζωμός λαχανικών ή νερό
- 2 κολοκυθάκια μεγάλα, κομμένα σε κύβους
- 2 φλιτζάνια ντομάτα, κομμένη σε φέτες
- 10 τορτίγιες
- 1 αβοκάντο, κομμένο σε φέτες
- 1 φλιτζάνι από την αγαπημένη σας σάλτσα

Κατευθύνσεις
a) Σε μια μεγάλη κατσαρόλα με βαρύ πάτο, βάλτε τη σε μέτρια φωτιά. Ιδρώστε το κρεμμύδι σε 1/4 φλιτζάνι ζωμό λαχανικών για 2 έως 3 λεπτά μέχρι το κρεμμύδι να γίνει διάφανο.
b) Προσθέστε το σκόρδο και ρίξτε το υπόλοιπο $\frac{1}{4}$ φλιτζάνι ζωμό λαχανικών, σκεπάστε και αφήστε τον ατμό.
c) Ξεσκεπάστε, προσθέστε τα κολοκυθάκια και μαγειρέψτε για 3-4 λεπτά, μέχρι να αρχίσει να μαλακώνει.
d) Προσθέστε την ντομάτα και μαγειρέψτε για 5 λεπτά ακόμη, ή μέχρι να μαλακώσουν όλα τα λαχανικά.
e) Αλατοπιπερώστε κατά βούληση και σερβίρετε σε ζεστές τορτίγιες με φέτες αβοκάντο και σάλσα.

49. Πικάντικα κολοκυθάκια και τάκος μαύρα φασόλια

Μερίδες: 4 μερίδες

Συστατικά
- 1 κ.γ. Φυτικό λάδι, προαιρετικά
- ½ λευκό κρεμμύδι, κομμένο σε λεπτές φέτες
- 3 σκελίδες σκόρδο, ψιλοκομμένες
- 2 Μεξικάνικα κολοκυθάκια, μεγάλα, κομμένα σε κύβους
- 1 κονσέρβα (14,5 oz.) μαύρα φασόλια, στραγγισμένα

Σάλτσα Chile de Arbol:
- 2 - 4 Chile de Arbol, αποξηραμένα
- 1 φλιτζάνι αμύγδαλα, ωμά
- ½ Κρεμμύδι, λευκό, μεγάλο
- 3 σκελίδες σκόρδο, χωρίς τη φλούδα
- 1½ φλιτζάνι ζωμός λαχανικών, ζεστός

Κατευθύνσεις
a) Ζεσταίνουμε το φυτικό λάδι σε μέτρια φωτιά σε ένα μεγάλο τηγάνι. Προσθέστε το κρεμμύδι και ιδρώστε για 2-3 λεπτά ή μέχρι το κρεμμύδι να γίνει τρυφερό και διάφανο.
b) Προσθέστε τις σκελίδες σκόρδο και μαγειρέψτε για 1 λεπτό.
c) Προσθέστε τα κολοκυθάκια και μαγειρέψτε μέχρι να μαλακώσουν, περίπου 3-4 λεπτά. Προσθέτουμε τα μαύρα φασόλια και ανακατεύουμε καλά. Αφήνουμε να ψηθεί για 1 λεπτό ακόμα. Αλατοπιπερώνουμε.
d) Για να φτιάξετε τη σάλτσα: ζεστάνετε ένα ταψί, κομάλ ή μαντεμένιο τηγάνι σε μέτρια προς δυνατή φωτιά. Ψήστε τα τσίλι από κάθε πλευρά μέχρι να ψηθούν ελαφρά, περίπου 30 δευτερόλεπτα από κάθε πλευρά. Βγάζουμε από το τηγάνι και αφήνουμε στην άκρη.

e) Προσθέστε τα αμύγδαλα στο τηγάνι και φρυγανίστε μέχρι να ροδίσουν, περίπου 2 λεπτά. Βγάζουμε από το τηγάνι και αφήνουμε στην άκρη.

f) Καβουρδίζουμε το κρεμμύδι και το σκόρδο μέχρι να απανθρακωθούν ελαφρώς, περίπου 4 λεπτά από κάθε πλευρά.

g) Τοποθετήστε τα αμύγδαλα, το κρεμμύδι, το σκόρδο και τα τσίλι στο μπλέντερ. Προσθέστε τον ζεστό ζωμό λαχανικών. Επεξεργαστείτε μέχρι να ομογενοποιηθεί. Αλατοπιπερώνουμε. Η σάλτσα πρέπει να είναι πηχτή και κρεμώδης.

1.

50. Μοσχαρίσιο τάκος βουβαλίσιου

Κάνει 4 μερίδες

Συστατικό
- 1 κιλό μοσχαρίσιο κιμά (95% άπαχο)
- 1/4 φλιτζάνι σάλτσα πιπεριού καγιέν για φτερά Buffalo
- 8 κοχύλια taco
- 1 φλιτζάνι μαρούλι σε λεπτές φέτες
- 1/4 του φλιτζανιού με μειωμένα λιπαρά ή κανονικό έτοιμο dressing με μπλε τυρί
- 1/2 φλιτζάνι καρότο τριμμένο
- 1/3 φλιτζάνι σέλινο ψιλοκομμένο
- 2 κουταλιές της σούπας φρέσκο κόλιανδρο ψιλοκομμένο
- Μπαστούνια καρότου και σέλινου ή κλωναράκια κόλιανδρου (προαιρετικά)

Κατευθύνσεις
a) Ζεσταίνουμε το μεγάλο αντικολλητικό τηγάνι σε μέτρια φωτιά μέχρι να ζεσταθεί. προσθέστε κιμά μοσχαρίσιο? Μαγειρέψτε για 8 με 10 λεπτά, σπάζοντας σε μικρά ψίχουλα και ανακατεύοντας περιστασιακά. Βγάζουμε από το τηγάνι με τρυπητή κουτάλα. χύστε σταγόνες. Επιστροφή στο τηγάνι. Ανακατεύουμε με σάλτσα πιπεριάς. Μαγειρέψτε και ανακατέψτε για 1 λεπτό ή μέχρι να ζεσταθεί.
b) Εν τω μεταξύ, θερμαίνετε τα κελύφη taco σύμφωνα με τις οδηγίες της συσκευασίας .
c)
d) Ακόμα και κουταλιές μείγμα βοείου κρέατος σε κελύφη taco. Προσθέστε μαρούλι? περιχύνουμε με ντρέσινγκ. Γεμίστε ομοιόμορφα με καρότο, σέλινο και κόλιανδρο.

Γαρνίρετε με μπαστουνάκια καρότου και σέλινου ή κλωναράκια κόλιανδρου, αν θέλετε.

51. Περιτυλίγματα τάκο βοείου κρέατος

Κάνει 4 μερίδες

Συστατικό
- 3/4 κιλών ψητό μοσχάρι ντελικατέσεν σε λεπτές φέτες
- 1/2 φλιτζάνι ντιπ μαύρου φασολιού χωρίς λιπαρά
- 4 μεγάλες (διαμέτρου περίπου 10 ιντσών) τορτίγιες από αλεύρι
- 1 φλιτζάνι μαρούλι σε λεπτές φέτες
- 3/4 φλιτζάνι ψιλοκομμένη ντομάτα
- 1 φλιτζάνι τριμμένο τυρί taco με μειωμένα λιπαρά
- Salsa

Κατευθύνσεις
a) Απλώστε ομοιόμορφα το ντιπ μαύρου φασολιού στη μία πλευρά κάθε τορτίγιας.

b) Στρώστε το ψητό μοσχαρίσιο κρέας πάνω από τα φασόλια, αφήνοντας ένα περίγραμμα 1/2 ίντσας γύρω από τις άκρες. Πασπαλίστε ίσες ποσότητες μαρούλι, ντομάτα και τυρί πάνω από κάθε τορτίγια.

c) Διπλώστε τη δεξιά και την αριστερή πλευρά προς το κέντρο, επικαλύπτοντας τις άκρες. Διπλώνουμε την κάτω άκρη της τορτίγιας πάνω από τη γέμιση και τυλίγουμε σε ρολό κλειστή.

d) Κόβουμε κάθε ρολό στη μέση. Σερβίρετε με σάλτσα, αν θέλετε.

52. Ψητό μοσχαρίσιο taco τύπου καρνίτας

Κάνει 6 μερίδες

Συστατικό

- 4 μοσχαρίσιες Flat Iron μπριζόλες (περίπου 8 ουγγιές η καθεμία)

- 18 μικρές τορτίγιες καλαμποκιού (διαμέτρου 6 έως 7 ιντσών)

- **Καλύμματα:**

- Λευκό κρεμμύδι ψιλοκομμένο, φρέσκο κόλιανδρο ψιλοκομμένο, φέτες λάιμ

- **Μαρινάδα:**

- 1 φλιτζάνι έτοιμη σάλσα ντοματίλιο

- 1/3 φλιτζάνι ψιλοκομμένο φρέσκο κόλιανδρο

- 2 κουταλιές της σούπας φρέσκο χυμό λάιμ

- 2 κουταλάκια του γλυκού ψιλοκομμένο σκόρδο

- 1/2 κουταλάκι του γλυκού αλάτι

- 1/4 κουταλάκι του γλυκού πιπέρι

- 1-1/2 φλιτζάνι έτοιμη σάλτσα ντοματίλο

- 1 μεγάλο αβοκάντο, κομμένο σε κύβους

- 2/3 φλιτζάνι ψιλοκομμένο φρέσκο κόλιανδρο

- 1/2 φλιτζάνι ψιλοκομμένο λευκό κρεμμύδι

- 1 κουταλιά της σούπας φρέσκο χυμό λάιμ

- 1 κουταλάκι του γλυκού ψιλοκομμένο σκόρδο

- 1/2 κουταλάκι του γλυκού αλάτι

Κατευθύνσεις

α) Συνδυάστε τα υλικά της μαρινάδας σε ένα μικρό μπολ. Τοποθετήστε τις μοσχαρίσιες μπριζόλες και τη μαρινάδα σε μια πλαστική σακούλα ασφαλή για τρόφιμα. μετατρέψτε τις μπριζόλες σε παλτό. Κλείστε καλά τη σακούλα και μαρινάρετε στο ψυγείο για 15 λεπτά έως 2 ώρες.

b)

c) Αφαιρέστε τις μπριζόλες από τη μαρινάδα. πετάξτε τη μαρινάδα. Τοποθετήστε τις μπριζόλες σε σχάρα πάνω από μέτρια, καλυμμένα με στάχτη κάρβουνα. Γκριλ, σκεπασμένο, 10 έως 14 λεπτά (σε μέτρια φωτιά σε προθερμασμένο γκριλ αερίου, 12 έως 16 λεπτά) για μέτρια σπάνια (145°F) έως μέτρια (160°F) ετοιμότητα, γυρίζοντας περιστασιακά.

d) Εν τω μεταξύ ανακατέψτε τα υλικά σάλσα αβοκάντο σε μέτριο μπολ. Αφήνω στην άκρη.

e) Τοποθετήστε τις τορτίγιες στο πλέγμα. Ψήστε στο γκριλ μέχρι να ζεσταθεί και να λιώσει ελαφρά. Αφαιρώ; διατηρούμαι ζεστός.

f) Χαράζουμε τη μπριζόλα σε φέτες. Σερβίρουμε σε τορτίγιες με σάλσα αβοκάντο. Συμπληρώστε με κρεμμύδι, κόλιανδρο και φέτες λάιμ, όπως θέλετε.

53. <u>Μικροσκοπικές τάρτες μοσχάρι taco</u>

Φτιάχνει 30 μικροσκοπικά ταρτάκια

Συστατικό

- 12 ουγγιές μοσχαρίσιο κιμά (95% άπαχο)

- 1/2 φλιτζάνι κρεμμύδι ψιλοκομμένο

- 1 σκελίδα σκόρδο, ψιλοκομμένη

- 1/2 φλιτζάνι έτοιμη ήπια ή μέτρια σάλτσα taco

- 1/2 κουταλάκι του γλυκού αλεσμένο κύμινο

- 1/4 κουταλάκι του γλυκού αλάτι

- 1/8 κουταλάκι του γλυκού πιπέρι

- 2 συσκευασίες (2,1 ουγκιές το καθένα) κατεψυγμένα

μίνι κοχύλια (συνολικά 30 κοχύλια)

- 1/2 φλιτζάνι τριμμένο μείγμα μεξικάνικου τυριού με

μειωμένα λιπαρά

- **Καλύμματα:** Μαρούλι τριμμένο, ντοματίνια ή ντοματίνια σε φέτες, γκουακαμόλε, κρέμα γάλακτος με χαμηλά λιπαρά, ώριμες ελιές κομμένες σε φέτες

Κατευθύνσεις

a) Προθερμάνετε το φούρνο στους 350°F. Ζεσταίνουμε το μεγάλο αντικολλητικό τηγάνι σε μέτρια φωτιά μέχρι να ζεσταθεί. Προσθέστε τον κιμά, το κρεμμύδι και το σκόρδο σε ένα μεγάλο αντικολλητικό τηγάνι σε μέτρια φωτιά για 8 με 10 λεπτά, κόβοντας το βόειο κρέας σε μικρά κομμάτια και ανακατεύοντας περιστασιακά. Ρίξτε τις σταγόνες, εάν χρειάζεται.

b) Προσθέστε σάλτσα taco, κύμινο, αλάτι και πιπέρι. μαγειρέψτε και ανακατέψτε για 1 με 2 λεπτά ή μέχρι να ζεσταθεί το μείγμα.

c)

d) Τοποθετήστε τα κοχύλια φύλλου σε ένα φύλλο ψησίματος με στεφάνι. Ρίχνετε το μείγμα του βοείου κρέατος ομοιόμορφα σε κελύφη. Περιχύνουμε ομοιόμορφα με τυρί. Ψήστε για 9 με 10 λεπτά ή μέχρι να γίνουν τραγανά τα κελύφη και το τυρί να λιώσει.

e) Από πάνω τα ταρτάκια με μαρούλι, ντομάτες, γουακαμόλε, κρέμα γάλακτος και ελιές, κατά βούληση.

54. Ένα τηγάνι με τυρί τάκο

Φτιάχνει 30 μικροσκοπικά ταρτάκια

Συστατικό

- 1 κιλό άπαχο μοσχαρίσιο κιμά

- 1 μεγάλο κίτρινο κρεμμύδι, κομμένο σε κύβους

- 2 μέτρια κολοκυθάκια, σε κυβάκια

- 1 κίτρινη πιπεριά κομμένη σε κύβους

- 1 πακέτο καρυκεύματα taco

- 1 κονσέρβα ντομάτες σε κύβους με πράσινο τσίλι

- 1 1/2 φλιτζάνι τριμμένο τυρί τσένταρ ή Monterey jack

- Πράσινα κρεμμυδάκια για γαρνίρισμα

- Τορτίγια μαρούλι, ρύζι, αλεύρι ή καλαμπόκι για το

σερβίρισμα

Κατευθύνσεις

a) Ζεσταίνουμε το μεγάλο αντικολλητικό τηγάνι σε μέτρια φωτιά μέχρι να ζεσταθεί. προσθέστε κιμά, κρεμμύδι,

b) κολοκυθάκια και κίτρινη πιπεριά? Μαγειρέψτε για 8 με 10 λεπτά, σπάζοντας σε μικρά ψίχουλα και ανακατεύοντας περιστασιακά. Ρίξτε τις σταγόνες εάν χρειάζεται.

c) Προσθέστε καρυκεύματα taco, 3/4 φλιτζάνι νερό και κομμένες ντομάτες. Χαμηλώνουμε τη φωτιά και σιγοβράζουμε για 7 με 10 λεπτά.

d) Περιχύνουμε με τριμμένο τυρί και φρέσκα κρεμμυδάκια. Μην ανακατεύετε.

e) Όταν λιώσει το τυρί, σερβίρετε πάνω από ένα κρεβάτι με μαρούλι, ρύζι ή σε τορτίγιες από αλεύρι ή καλαμπόκι!

55. <u>Φούστα μπριζόλα street tacos</u>

Φτιάχνει 6 τάκο

Συστατικό

- 1 μπριζόλα φούστας, κομμένη σε μερίδες 4 έως 6 ιντσών (1-1/2 έως 2 λίβρες), κομμένη σε λεπτές λωρίδες κατά μήκος του κόκκου
- 12 τορτίγιες καλαμποκιού έξι ιντσών
- 1/2 κουταλάκι του γλυκού αλάτι
- 1/4 κουταλάκι του γλυκού πιπέρι καγιέν
- 1/2 κουταλάκι του γλυκού σκόνη σκόρδου
- 1/2 κουταλάκι του γλυκού ψιλοκομμένο σκόρδο
- 1 κουταλάκι λάδι
- 1 φλιτζάνι κρεμμύδι σε κυβάκια
- 1/2 φλιτζάνι φύλλα κόλιανδρου, χοντροκομμένα
- 2 φλιτζάνια κόκκινο λάχανο σε λεπτές φέτες

Βινεγκρέτ Cilantro Lime:
- 3/4 φλιτζάνι φύλλα κόλιανδρου
- Χυμός από 2 λάιμ
- 1/3 φλιτζάνι ελαιόλαδο
- 4 κουταλάκια του γλυκού ψιλοκομμένο σκόρδο
- 1/4 φλιτζάνι λευκό ξύδι
- 4 κουταλάκια του γλυκού ζάχαρη
- 1/4 φλιτζάνι γάλα
- 1/2 φλιτζάνι κρέμα γάλακτος

Κατευθύνσεις

α) Ζεσταίνουμε το λάδι σε μέτρια φωτιά. Καρυκεύστε την κομμένη μπριζόλα με αλάτι, πιπέρι καγιέν και σκόνη σκόρδου. Προσθέστε τη μπριζόλα στο τηγάνι και σοτάρετε μέχρι να ψηθεί (8 με 10 λεπτά). Προσθέστε το σκόρδο και σοτάρετε για 1 με 2 λεπτά ακόμα, μέχρι να μυρίσει το σκόρδο. Αποσύρουμε από τη φωτιά και κόβουμε τη μπριζόλα.

b) Χτυπάμε όλα τα υλικά για τη βινεγκρέτ. Προσθέστε το μείγμα σε ένα μπλέντερ και χτυπήστε μέχρι να ομογενοποιηθεί, περίπου 1 με 2 λεπτά.

c) Γεμίστε ζεστές τορτίγιες καλαμποκιού (χρησιμοποιήστε δύο ανά τάκο) με μπριζόλα, κρεμμύδι, ψιλοκομμένο κόλιαντρο και λάχανο. Περιχύστε με βινεγκρέτ και σερβίρετε.

ΣΟΥΠΕΣ ΚΑΙ ΣΑΛΑΤΕΣ

56. Σόπα Ταράσκα

4 μερίδες

Συστατικά

Για τις λωρίδες τορτίγιας
- 2 τορτίγιες, κομμένες σε λωρίδες μήκους περίπου 2 ιντσών και πλάτους 1/8 ίντσας
- λάδι για το τηγάνισμα των λωρίδων τορτίγιας

Για τη σούπα
- 1 κουταλιά της σούπας λάδι
- 2/3 φλιτζάνι ψιλοκομμένα λευκά κρεμμύδια
- 2 σκελίδες σκόρδο, χοντροκομμένες
- 2-1/4 φλιτζάνια ανάλατη ψιλοκομμένη ντομάτα με χυμό
- 1 κουταλιά της σούπας σκόνη αγνού τσίλι
- Περίπου 5 φλιτζάνια ζωμός κοτόπουλου με χαμηλή περιεκτικότητα σε νάτριο
- 2 φύλλα δάφνης
- 1/2 κουταλάκι του γλυκού ολόκληρο αποξηραμένο θυμάρι
- 1/4 κουταλάκι του γλυκού μαντζουράνα
- 1/4 κουταλάκι του γλυκού αποξηραμένο φύλλο ρίγανης
- 1 κουταλάκι του γλυκού αλάτι, ή για γεύση
- 1 φλιτζάνι τριμμένο queso fresco ή υποκατάστατο της φρέσκιας μοτσαρέλας
- 2 τσίλι αντσο, οι μίσχοι και οι σπόροι αφαιρέθηκαν, κόψτε στη μέση και σιγοβράστε σε νερό για 15 λεπτά
- 1/4 φλιτζάνι κρέμα γάλακτος
- 1 φρέσκο κρεμμύδι, ψιλοκομμένο (μόνο το πράσινο μέρος)

Κατευθύνσεις

a) Τηγανίζουμε τις λωρίδες τορτίγιας. Ζεσταίνουμε περίπου 2 ίντσες λάδι σε μια μεσαίου μεγέθους κατσαρόλα στους περίπου 350°F. Τηγανίζουμε τις λωρίδες τορτίγιας μέχρι να γίνουν τραγανές. Στραγγίζουμε σε απορροφητικό χαρτί και κρατάμε.

b) Φτιάξτε τη σούπα. Ζεσταίνουμε ένα τηγάνι σε μέτρια φωτιά, προσθέτουμε το λάδι και σοτάρουμε τα κρεμμύδια και το σκόρδο μέχρι να μαλακώσουν τα κρεμμύδια αλλά όχι να ροδίσουν, για 4-5 λεπτά. Τοποθετήστε τα σε ένα μπλέντερ. Προσθέστε τις ντομάτες με το χυμό τους και τη σκόνη τσίλι και πολτοποιήστε.

c) Προσθέστε ένα ή 2 φλιτζάνια ζωμό (ό,τι χωράει το μπλέντερ σας), χτυπήστε για να ανακατευτεί και μετά αδειάστε το μείγμα σε μια κατσαρόλα.

d) Προσθέστε στην κατσαρόλα τον υπόλοιπο ζωμό, τα φύλλα δάφνης, το θυμάρι, τη μαντζουράνα, τη ρίγανη και αλάτι. Αφήνουμε να πάρει μια βράση και σιγοβράζουμε για 15 λεπτά.

e) Σερβίρετε τη σούπα. Τοποθετήστε 1/4 φλιτζάνι τυρί και 1/2 μαλακό τσίλι αντσό σε καθένα από τα τέσσερα μπολ. Ρίξτε τη σούπα πάνω από το τυρί και προσθέστε κρέμα γάλακτος, λωρίδες τορτίγιας και φρέσκο κρεμμύδι.

57. Μαύρη φασολάδα

Συστατικά

- 1/2 κουταλιά της σούπας έξτρα παρθένο ελαιόλαδο
- 1/2 φλιτζάνι ψιλοκομμένο λευκό κρεμμύδι
- 3 σκελίδες σκόρδο, χοντροκομμένες
- 1 πολύ μικρό τσίλι αντσό, ξεσποριασμένο και κομμένο σε μικρά κομμάτια ή 1/2 μεγαλύτερο τσίλι
- 1 κουταλάκι του γλυκού ψιλοκομμένο chipotle chile
- 1 (15 ουγκιά) κουτί ανάλατα μαύρα φασόλια, συμπεριλαμβανομένου του υγρού 1/2 κουταλιού του γλυκού αλάτι
- 3 φλιτζάνια ζωμό κοτόπουλου με χαμηλή περιεκτικότητα σε νάτριο
- 1/4 κουταλάκι του γλυκού αλεσμένο κύμινο
- 1/2 κουταλιά της σούπας κόλιαντρο ψιλοκομμένο
- 1 κλωνάρι επαζότης (προαιρετικά)
- 1/2 κουταλάκι του γλυκού καπνιστή γλυκιά ισπανική πάπρικα 1/2 κουταλάκι του γλυκού αλάτι, αν χρησιμοποιείτε ανάλατα φασόλια 1/4 κουταλάκι του γλυκού ψιλοτριμμένο μαύρο πιπέρι 1 κουταλάκι του γλυκού φρεσκοστυμμένο χυμό λάιμ
- 1 κουταλιά της σούπας ξηρό σέρι

Κατευθύνσεις

α) Φτιάξτε τη σούπα. Ζεσταίνουμε το ελαιόλαδο σε μια μεσαία κατσαρόλα σε μέτρια φωτιά μέχρι να γυαλίσει. Προσθέστε το κρεμμύδι και μαγειρέψτε μέχρι να μαλακώσει αλλά να μην ροδίσει.

β) Προσθέστε το σκόρδο και μαγειρέψτε άλλο ένα λεπτό, προσθέστε και τα δύο τσίλι και συνεχίστε το μαγείρεμα, ανακατεύοντας συχνά, 1-1/2-2 λεπτά.

c) Προσθέστε τα υπόλοιπα υλικά εκτός από το χυμό λάιμ και το σέρι, αφήστε να πάρει μια βράση, σκεπασμένο μερικώς, και σιγοβράστε για 10 λεπτά.

d) Αφήνουμε το μείγμα να κρυώσει. Αφαιρέστε και πετάξτε το epazote εάν το χρησιμοποιήσετε. Ρίξτε τα υλικά σε ένα μπλέντερ και ανακατέψτε για 2 λεπτά ή μέχρι να γίνουν πουρές, σε 2 παρτίδες αν χρειάζεται.

e) Επιστρέψετε τη σούπα στην κατσαρόλα, αφήνετε να σιγοβράσει, ανακατεύετε με το χυμό λάιμ και το σέρι και σερβίρετε.

58. Σούπα τύπου Tlapan

6 μερίδες

Συστατικά

- 2 ντομάτες ψητές
- 6 φλιτζάνια ζωμό κοτόπουλου με χαμηλή περιεκτικότητα σε νάτριο
- 1/2 κιλό στήθη κοτόπουλου χωρίς κόκαλα και πέτσα 1 κουταλιά της σούπας έξτρα παρθένο ελαιόλαδο 1 φλιτζάνι ψιλοκομμένο λευκό κρεμμύδι
- 2 σκελίδες σκόρδο, ψιλοκομμένες
- 3/4 φλιτζανιού καρότα καθαρισμένα και ψιλοκομμένα
- 1-1/2 φλιτζάνι φασόλια garbanzo, στραγγισμένα και ξεπλυμένα
- 1 φλιτζάνι κολοκυθάκια ψιλοκομμένα
- 1/2 φλιτζάνι κατεψυγμένα αρακά, αποψυγμένα
- 1 αποξηραμένο chipotle chile, ή ένα chipotle συν 1 κουταλάκι του γλυκού σάλτσα adobo
- 1 κουταλάκι του γλυκού φρεσκοστυμμένο χυμό λάιμ 1/4 κουταλάκι του γλυκού ψιλοτριμμένο μαύρο πιπέρι 1/4 κουταλάκι του γλυκού αλάτι, ή για γεύση
- 1 μέτριο ώριμο αβοκάντο, κομμένο σε κομμάτια 1/2 ίντσας 1/4 φλιτζάνι τριμμένο τυρί cotija (προαιρετικά) φέτες λάιμ

Κατευθύνσεις

α) Ετοιμάζουμε τις ντομάτες. Πολτοποιήστε τις ντομάτες σε μπλέντερ ή επεξεργαστή τροφίμων και στραγγίστε τις από τη λεπτή λεπίδα ενός μύλου τροφίμων ή σπρώξτε τις μέσα από ένα σουρωτήρι. Αποθεματικό.

b) Μαγειρέψτε και ψιλοκόψτε το κοτόπουλο. Τοποθετήστε το ζωμό και το στήθος κοτόπουλου σε μια μεγάλη κατσαρόλα, αφήστε να σιγοβράσει και μαγειρέψτε μέχρι να ψηθεί το κοτόπουλο, περίπου 10 λεπτά. Αφαιρούμε το κοτόπουλο και κρατάμε το ζωμό.

c) Όταν το κοτόπουλο κρυώσει αρκετά για να το χειριστεί, το κόβουμε και το μοιράζουμε σε τέσσερα μπολ σούπας.

d) Φτιάξτε τη σούπα. Ζεσταίνουμε μια μεγάλη κατσαρόλα σε μέτρια φωτιά. Προσθέστε το ελαιόλαδο και τα κρεμμύδια και σοτάρετε μέχρι τα κρεμμύδια να αρχίσουν να ροδίζουν, περίπου 5 λεπτά. Προσθέστε το σκόρδο και μαγειρέψτε για 1 λεπτό ακόμα. Προσθέστε τον κρατημένο ζωμό και τα υπόλοιπα υλικά εκτός από το αβοκάντο και το τυρί και σιγοβράστε για 8-10 λεπτά.

e) Τελειώστε και σερβίρετε τη σούπα. Αφαιρούμε το τσίλι και ρίχνουμε τη σούπα πάνω από το μαγειρεμένο κοτόπουλο. Προσθέστε ίσες μερίδες από το αβοκάντο σε κάθε μπολ και προσθέστε λίγο από το τυρί, αν θέλετε. Σερβίρουμε με φέτες λάιμ στο πλάι.

59. σούπα Puebla

4 μερίδες μισής κούπας

Συστατικά
- 2-1/2 κουταλιές της σούπας μαγειρικό λάδι
- 4 ουγγιές καθαρισμένες και ψιλοκομμένες πατάτες
- 3-1/4 φλιτζάνια ζωμό κοτόπουλου με χαμηλή περιεκτικότητα σε νάτριο
- 1 φλιτζάνι λευκό κρεμμύδι ψιλοκομμένο
- 2 φλιτζάνια κολοκυθάκια καθαρισμένα και ψιλοκομμένα
- 3/4 φλιτζάνι τσίλι ψητό, ξεφλουδισμένο, με σπόρους και ψιλοκομμένο Poblano
- 1/4 γεμάτη κουταλάκι του γλυκού αποξηραμένο θυμάρι
- 1/4 γεμάτη κουταλάκι του γλυκού αλάτι
- 3/4 φλιτζάνι γάλα 2%.
- 2 ουγγιές αποβουτυρωμένο γάλα

Κατευθύνσεις
a) Βράζουμε τις πατάτες και φτιάχνουμε το ζωμό. Ζεσταίνουμε μια κατσαρόλα σε μέτρια φωτιά. Λιώνουμε 1/2 κουταλιά της σούπας από το μαγειρικό λάδι και προσθέτουμε τις πατάτες.
b) Σοτάρετε τις πατάτες μέχρι να αρχίσουν να μαλακώνουν, αλλά μην τις αφήσετε να ροδίσουν, για 4-5 λεπτά. Προσθέστε 1-1/4 φλιτζάνι ζωμό στην κατσαρόλα, σκεπάστε και σιγοβράστε για 5 λεπτά.
c) Ρίξτε το ζωμό και τις πατάτες σε ένα μπλέντερ, ανακατέψτε περίπου 2 λεπτά. Προσθέστε τον υπόλοιπο ζωμό και ανακατέψτε.

d) Μαγειρέψτε τα λαχανικά. Σε μέτρια φωτιά, λιώστε το υπόλοιπο μαγειρικό λάδι στην ίδια κατσαρόλα που μαγειρέψατε τις πατάτες. Ρίξτε τα κρεμμύδια και τα κολοκυθάκια και μαγειρέψτε μέχρι να μαλακώσουν τα κρεμμύδια αλλά να μην ροδίσουν, περίπου 5 λεπτά.

e) Φτιάξτε τη σούπα. Προσθέστε το υπόλοιπο τσίλι, το θυμάρι, το αλάτι και τις πατάτες και το ζωμό ανάμειξης στα λαχανικά και σιγοβράστε για 5 λεπτά. Ρίχνουμε το γάλα και σιγοβράζουμε για άλλα 5 λεπτά.

60. Πατατοσαλάτα

4 μερίδες

Συστατικά
Για το ντύσιμο
- 1/8 κουταλάκι του γλυκού αλάτι
- 1/4 κουταλάκι του γλυκού πιπέρι
- 2 κουταλιές της σούπας έξτρα παρθένο ελαιόλαδο
- 1 κουταλιά της σούπας σχοινόπρασο ψιλοκομμένο
- 1 κουταλιά της σούπας μαϊντανό ψιλοκομμένο
- 1 κουταλιά της σούπας κόλιαντρο ψιλοκομμένο

Για τη σαλάτα
- 1-1/4 φλιτζάνια καθαρισμένα καρότα σε κύβους, κομμάτια 1/2 ίντσας
- 2-1/2 φλιτζάνια καθαρισμένες και κομμένες σε κύβους πατάτες, κομμάτια 1/2 ίντσας
- 2 ουγγιές chorizo, αφαιρούμενο δέρμα, ψιλοκομμένο
- 1 Serrano chile, αφαιρούνται οι σπόροι και οι φλέβες, ψιλοκομμένο
- 1 μέτριο έως μεγάλο αβοκάντο, κομμένο σε κομμάτια 1/2 ίντσας (προαιρετικά)

Κατευθύνσεις
α) Φτιάξτε το ντρέσινγκ. Σε ένα μπολ χτυπάμε το αλάτι και το πιπέρι. Προσθέστε το ελαιόλαδο σε αργή ροή, ανακατεύοντας συνεχώς για να δημιουργηθεί ένα γαλάκτωμα, στη συνέχεια προσθέστε το σχοινόπρασο, τον μαϊντανό και τον κόλιαντρο και ανακατέψτε καλά.

b) Μαγειρέψτε τις πατάτες και τα καρότα. Φέρτε 6 φλιτζάνια νερό να βράσουν. Προσθέτουμε το αλάτι και τα καρότα και σιγοβράζουμε μέχρι τα καρότα να γίνουν πολύ τρυφερά αλλά όχι να μαλακώσουν. Αφαιρέστε τα βρασμένα καρότα με ένα σουρωτήρι και ξεπλύνετε με κρύο τρεχούμενο νερό για να σταματήσει το μαγείρεμα.

c) Βράζετε τις πατάτες στο ίδιο νερό μέχρι να μαλακώσουν πολύ αλλά όχι και τις στραγγίζετε σε τρυπητό. Ξεπλύνετε με τρεχούμενο κρύο νερό για να σταματήσει το μαγείρεμα.

d) Μαγειρέψτε το chorizo. Ζεσταίνουμε ένα αντικολλητικό τηγάνι σε μέτρια φωτιά και προσθέτουμε το chorizo. Μόλις αρχίσει να τσιγαρίζει, προσθέστε το Serrano και συνεχίστε το μαγείρεμα, ανακατεύοντας και σπάζοντας το chorizo με μια πλαστική ή ξύλινη κουτάλα, μέχρι να ροδίσει και να αρχίσει να τραγανίζει.

e) Τελειώστε τη σαλάτα. Όταν γίνει το chorizo, αποσύρουμε το τηγάνι από τη φωτιά. Αφήστε το να κρυώσει για 1 λεπτό και στη συνέχεια ανακατέψτε τα κρατημένα καρότα και τις πατάτες.

f) Ξύστε τα όλα σε ένα μεσαίου μεγέθους μπολ, προσθέστε το dressing και το αβοκάντο, αν χρησιμοποιείτε, και ανακατέψτε απαλά αλλά επιμελώς.

61. <u>Σαλάτα τεκίλα-παρασκευαστή</u>

4 μερίδες

Συστατικά

Για το ντύσιμο
- 2 κουταλιές της σούπας σαγγρίτα
- 1 κουταλιά της σούπας συν 2 κουταλάκια του γλυκού φρεσκοστυμμένο χυμό λάιμ
- 1/4 φλιτζάνι έξτρα παρθένο ελαιόλαδο
- Αλάτι για γεύση
- 3/4 κουταλάκι του γλυκού φρεσκοτριμμένο μαύρο πιπέρι, ή για γεύση

Για τη σαλάτα
- 1 φλιτζάνι νοπαλίτος, ωριμασμένο σε αλάτι ή βρασμένο μέχρι να μαλακώσει
- 2 φλιτζάνια φασόλια garbanzo, ξεπλυμένα και στραγγισμένα
- 2 φλιτζάνια φρέσκο σπανάκι, συσκευασμένο
- 1 μεγάλη ντομάτα, κομμένη σε μπουκιές
- 1 μεγάλο αβοκάντο ή 2 μικρά, ψιλοκομμένα
- 2 φρέσκα κρεμμυδάκια, ψιλοκομμένα
- 1/4 φλιτζάνι κιμάς κόλιανδρος
- 4 ουγγιές queso νωπογραφία

Κατευθύνσεις

a) Φτιάξτε το ντρέσινγκ. Σε ένα μικρό έως μεσαίου μεγέθους μπολ, χτυπήστε μαζί τη σαγκρίτα και το χυμό λάιμ.

b) Συνεχίστε το χτύπημα ζωηρά καθώς προσθέτετε το ελαιόλαδο σε αργή ροή, μέχρι να γαλακτωματοποιηθεί το dressing. Ανακατεύουμε με αλάτι και πιπέρι.

c) Φτιάξτε τη σαλάτα. Συνδυάστε όλα τα υλικά της σαλάτας σε ένα μεγάλο μπολ. Προσθέστε το dressing και ανακατέψτε καλά.

62. Ensalada de col

Συστατικά
Για το ντύσιμο
- 2 κουταλιές της σούπας συν
- 2 κουταλάκια αλάτι
- 1/2 κουταλάκι του γλυκού ψιλοτριμμένο μαύρο πιπέρι

1/3 φλιτζάνι λάδι

Για τη σαλάτα
- 12 ουγγιές πολύ λεπτές φέτες ή ψιλοκομμένο πράσινο λάχανο
- 6 ουγγιές πολύ λεπτές φέτες ή τριμμένο μοβ λάχανο
- 4 ουγγιές καθαρισμένα τριμμένα καρότα

Κατευθύνσεις

a) Φτιάξτε το ντρέσινγκ. Χτυπάμε μαζί το αλάτι και το πιπέρι και μετά ρίχνουμε το λάδι σε αργή ροή.

b) Φτιάξτε τη σαλάτα. Σε ένα μεγάλο μπολ ανακατεύουμε τα υλικά της σαλάτας και τα ανακατεύουμε με το dressing. Αφήστε τη σαλάτα σε θερμοκρασία δωματίου για 3 με 4 ώρες, ανακατεύοντάς την περίπου κάθε μισή ώρα. Στο τέλος αυτού του χρόνου, το λάχανο θα έχει μαλακώσει και οι γεύσεις θα έχουν λιώσει.

c) Αδειάζετε τη σαλάτα σε ένα μεγάλο σουρωτήρι για να στραγγίξει το περιττό υγρό (και το αλάτι) και το βάζετε στο ψυγείο μέχρι να το σερβίρετε, ρίχνοντας κατά διαστήματα τα περιττά υγρά.

d) Η σαλάτα διατηρείται στο ψυγείο για περίπου μια εβδομάδα.

Τοστάδας

63. Βασικές τοστάδες

4 μερίδες, 2 τοστάδες η καθεμία

Συστατικά
- 8 κοχύλια τοστάντα τορτίγια
- 1/2 φλιτζάνι Τηγανισμένα Φασόλια
- 3/4 φλιτζάνι γέμιση Chorizo, πατάτας και καρότου
- 1 φλιτζάνι τριμμένο μαρούλι
- 3/4 φλιτζανιού ντομάτες ψιλοκομμένες
- 2 κουταλιές της σούπας τριμμένο κατσικίσιο τυρί
- Salsa

Κατευθύνσεις
a) Τοποθετήστε 2 κοχύλια tostada σε κάθε ένα από τα τέσσερα πιάτα και απλώστε περίπου 2 κουταλιές της σούπας από τα φασόλια στο καθένα.
b) Γεμίστε με ίσες ποσότητες από τη γέμιση Chorizo, πατάτας και καρότου, το μαρούλι, τις ντομάτες και το τυρί και σερβίρετε με τη σάλσα.

64. Πατάτα Γορδίτας

Περίπου 16 Γορδίτες

Συστατικά
- 14 ουγγιές έτοιμη μάζα για τορτίγιες ή 1-1/2 φλιτζάνια Maseca και 1 φλιτζάνι συν 1 κουταλιά της σούπας νερό
- 9 ουγγιές ξεφλουδισμένες πατάτες σκουριάς (ζυγισμένες μετά το ξεφλούδισμα), κομμένες σε κομμάτια 1-1/2 ίντσας
- 2 κουταλάκια του γλυκού μαγειρικό λάδι, συν μαγειρικό σπρέι για το τηγάνισμα των Gorditas
- 1/2 κουταλάκι του γλυκού αλάτι
- Pico de Gallo, ή την αγαπημένη σας σάλσα
- 1/2 φλιτζάνι γκουακαμόλε

Κατευθύνσεις
a) Ετοιμάστε τη μάζα. Εάν χρησιμοποιείτε Maseca για τορτίγιες, βάλτε 1-1/2 φλιτζάνια σε ένα μεσαίου μεγέθους μπολ και ανακατέψτε με 1 φλιτζάνι συν 1 κουταλιά της σούπας νερό με μια ξύλινη κουτάλα. Ζυμώνουμε τη ζύμη για περίπου 2 λεπτά ή μέχρι να γίνει αρκετά λεία και στη συνέχεια την αφήνουμε να ξεκουραστεί για 30 λεπτά σκεπασμένη με πλαστική μεμβράνη, ώστε να ενυδατωθεί πλήρως.
b) Η ζύμη πρέπει να ζυγίζει περίπου 14 ουγγιές.
c) Βράζουμε τις πατάτες και τελειώνουμε τη ζύμη. Τοποθετήστε τις πατάτες σε μια κατσαρόλα, καλύψτε τις με πολλά εκατοστά νερό και σιγοβράστε μέχρι να τρυπηθούν εύκολα με ένα μαχαίρι.

d) Στραγγίζετε τις πατάτες και τις βάζετε σε ρυζάκι ή τις πολτοποιείτε πολύ καλά. Ανακατεύουμε με το μαγειρικό λάδι και το αλάτι. Για να ολοκληρώσετε τη ζύμη, συνδυάστε τις 14 ουγγιές τορτίγιας και το μείγμα πουρέ πατάτας.

e) Σχηματίστε τους Γορδίτες. Χτυπήστε 1-1/2 ουγγιά κομμάτια της ζύμης σε κύκλους. Θα πρέπει να έχουν πάχος μεταξύ 1/8 και 1/4 ίντσας. Ζεσταίνουμε ένα αντικολλητικό τηγάνι σε μέτρια φωτιά (περίπου 350°-375°F αν έχετε θερμόμετρο λέιζερ).

f) Προσθέστε τόσο μαγειρικό σπρέι για να φιλμάρει την επιφάνεια και μαγειρέψτε τη ζύμη μέχρι να αρχίσει να ροδίζει στον πάτο, περίπου 4 λεπτά. Γυρίζουμε τα γορντίτα και ψήνουμε άλλα 4 λεπτά από την άλλη πλευρά.

g) Συμπληρώστε τα με λίγο Pico de Gallo, Guacamole ή οτιδήποτε άλλο σας αρέσει και σερβίρετε.

65. Τοστάδες με μοσχάρι

Απόδοση: 4 μερίδες

Συστατικό
- Σερβίρετε τις τοστάδες ανοιχτές με κρέμα γάλακτος ή σάλτσα.
- 4 μεγάλες τορτίγιες από αλεύρι
- 1 κιλό άπαχο μοσχαρίσιο κιμά
- 1 κάθε κρεμμύδι, ψιλοκομμένο
- 1 κάθε πιπεριά jalapeno, ξεσποριασμένη και κομμένη σε κύβους
- 1 κάθε Σκελίδα σκόρδο, ψιλοκομμένη
- 1 κουταλιά της σούπας τσίλι σε σκόνη
- 1 κουταλάκι του γλυκού αλεσμένο κύμινο
- $\frac{1}{4}$ κουταλάκι του γλυκού Αλάτι
- πρέζα πιπέρι
- 1 μεγάλη ντομάτα, ξεσποριασμένη και ψιλοκομμένη
- 1 φλιτζάνι το καθένα: τριμμένο μαρούλι

Κατευθύνσεις
α) Πιρς τορτίγιες σε μερικά σημεία. φούρνο μικροκυμάτων σε σχάρα σε υψηλή θερμοκρασία για 1-$\frac{1}{2}$ έως 2 λεπτά ή μέχρι να γίνει μόλις τραγανή, γυρνώντας και περιστρέφοντας μία φορά.

b) Τοποθετήστε σε πλάκες που μπορούν να χρησιμοποιηθούν σε φούρνο μικροκυμάτων. Σε ένα μπολ των 8 φλιτζανιών, θρυμματίζουμε το βόειο κρέας, προσθέτουμε το κρεμμύδι, το jalapeno και το σκόρδο. Ψήνετε στο μικροκύματα σε υψηλή θερμοκρασία, ανακατεύοντας συχνά, για 3-5 λεπτά ή μέχρι το κρέας να μην είναι πλέον ροζ. Προσθέστε σκόνη τσίλι, κύμινο, αλάτι και πιπέρι. Προσθέστε ντομάτα, φούρνο μικροκυμάτων σε υψηλή θερμοκρασία για 1-2 λεπτά ή μέχρι να ζεσταθεί. Με τρυπητή κουτάλα μοιράζετε τις τορτίγιες, πασπαλίζετε με το μαρούλι και μετά το τυρί.

c) Ψήνετε το καθένα στο μικροκύματα σε υψηλή θερμοκρασία για 30-60 δευτερόλεπτα ή μέχρι να λιώσει το τυρί.

66. Τοστάδα κοτόπουλου Chipotle

Απόδοση: 4 μερίδες

Συστατικό
- 2 ολόκληρα στήθη κοτόπουλου, χωρίς κόκαλα και πέτσα
- x Αλάτι και πιπέρι
- 1 $\frac{1}{2}$ φλιτζάνι Rosarita ψητή σάλσα, med.
- $\frac{1}{4}$ φλιτζάνι χυμό πορτοκαλιού
- 1 κουταλιά της σούπας τσίλι από κονσέρβα, πολτοποιημένη
- 2 κουτάκια (16 oz. ea.) Rosarita No Fat Traditional Refried Beans
- 4 μεγάλα, αυλακωτά κοχύλια tostado, θερμαινόμενα
- 2 φλιτζάνια μαρούλι σκισμένο
- 1 φλιτζάνι τριμμένο τυρί Cheddar με χαμηλά λιπαρά
- 1 φλιτζάνι ντομάτες κομμένες σε κύβους
- $\frac{1}{2}$ φλιτζάνι κρέμα γάλακτος με χαμηλά λιπαρά (προαιρετικά)
- $\frac{1}{4}$ φλιτζάνι ώριμες μαύρες ελιές κομμένες σε φέτες
- $\frac{1}{4}$ φλιτζανιού φρέσκα κρεμμυδάκια σε φέτες

Κατευθύνσεις
α) Τοποθετήστε το κοτόπουλο σε ένα ρηχό γυάλινο ταψί. Πασπαλίζουμε με αλάτι και πιπέρι κατά βούληση. Ψήστε στους 350 βαθμούς Φ για 20 έως 25 λεπτά ή μέχρι το κοτόπουλο να ροδίσει ελαφρά και να μαλακώσει. Κόβουμε σε λωρίδες ή ψιλοκόβουμε με ένα πιρούνι. Σε ένα μικρό μπολ ανάμειξης, συνδυάστε το κοτόπουλο, 1 φλιτζάνι σάλσα Rosarita, το χυμό πορτοκαλιού και το τσίλι τσιπότλ. Ανακατέψτε καλά. Αφήνω στην άκρη.

b) Συνδυάστε τα τηγανισμένα φασόλια Rosarita και την υπόλοιπη σάλτσα Rosarita σε μια κατσαρόλα. Ζεσταίνουμε σε μέτρια φωτιά για 5-7 λεπτά, ανακατεύοντας συχνά. Τοποθετήστε 1 κουταλιά της σούπας ζεστό μείγμα φασολιών στο κέντρο καθενός από τα 4 πιάτα σερβιρίσματος.

c) Τοποθετήστε τα προθερμασμένα κοχύλια tostada σε μια κούκλα ζεστού μείγματος φασολιών για να αποτρέψετε την κίνηση.

d) Μοιράζετε τα υλικά εξίσου στα κελύφη tostada και στρώνετε με την εξής σειρά: μείγμα φασολιών, μείγμα σάλσας κοτόπουλου, μαρούλι, τσένταρ, ντομάτες, κρέμα γάλακτος, ελιές και φρέσκα κρεμμυδάκια.

67. Παγωτό γάλα καρύδας tostada sundae

Απόδοση: 6 μερίδες

Συστατικό
- 1 φλιτζάνι λωρίδες καρύδας
- 6 κούπες επιδόρπιο Tostada
- Σάλτσα ανανά-Anisette

Κατευθύνσεις
a) Τοποθετήστε την καρύδα σε ένα τηγάνι χωρίς λαδόκολλα και ανακατέψτε σε μέτρια φωτιά μέχρι να δημιουργηθούν χρυσοκάστανες κηλίδες, περίπου 2 λεπτά.
b) Για τη συναρμολόγηση, τοποθετήστε 2 ή 3 μεζούρες παγωτό γάλα καρύδας στο κέντρο κάθε φλιτζάνι tostada.
c) Περιχύνουμε με σάλτσα ανανά-γλυκανισέτ και φρυγανισμένες λωρίδες καρύδας. Φάτε αμέσως.

68. <u>Γαρίδες τοστάδες με γκουακαμόλε</u>

Απόδοση: 4 μερίδες

Συστατικό
Γκουακαμόλε
- 2 μεγάλα αβοκάντο
- 2 κουταλάκια του γλυκού φρέσκο χυμό λάιμ
- ½ κουταλάκι του γλυκού Αλάτι
- 2 Πράσινα κρεμμυδάκια
- 1 μικρή αποφλοιωμένη ντομάτα? σε τέταρτο
- 1 Σκελίδα Σκόρδο
- 1 μικρή καυτερή πιπεριά τσίλι με σπόρους

Γαρίδες και τοστάδες
- Λάδι για τηγάνισμα
- 8 τορτίγιες
- 32 μεσαία Γαρίδες
- 1 κουτί 16 oz. τηγανητά φασόλια
- 2 κουταλιές της σούπας Λάδι
- Φρέσκια σάλσα
- Μικρά μπολ με ψιλοκομμένο μαρούλι, κρεμμύδι,
- Queso τοιχογραφία
- Μαϊντανός.

Κατευθύνσεις
α) Γκουακαμόλε: Κόψτε τα αβοκάντο στη μέση και αφαιρέστε τα κουκούτσια, αφαιρέστε το κρέας από το κέλυφος και τοποθετήστε το στον επεξεργαστή τροφίμων, προσθέστε το χυμό λάιμ, επεξεργαστείτε μέχρι να γίνει πουρές.

b) Προσθέστε αλάτι, κρεμμύδι, ντομάτα, σκόρδο και μικρή καυτερή πιπεριά στο μείγμα και ανακατέψτε ξανά μέχρι να πολτοποιηθούν. Μεταφέρετε σε ένα μικρό μπολ για να το φέρετε στο τραπέζι.

c) Τηγανίζουμε τορτίγιες: Ζεσταίνουμε 1" λάδι σε ένα ρηχό τηγάνι 8"-9". Σύρετε τις τορτίγιες μία-μία στο λάδι και τηγανίστε από κάθε πλευρά μέχρι να χρυσίσουν. Αφαιρέστε αμέσως, στραγγίστε τις σε απορροφητικό χαρτί.

d) Ψήστε τις γαρίδες, ετοιμάστε τα φασόλια:

e) Περάστε τις γαρίδες σε σουβλάκια 8 10" και ψήστε στα κάρβουνα. Όσο μαγειρεύουν οι γαρίδες, μεταφέρετε τα τηγανισμένα φασόλια από κονσέρβα σε κατσαρόλα

f) Προσθέστε 2 κουταλιές της σούπας λάδι, ανακατέψτε καλά και ζεστάνετε σε χαμηλή φωτιά. Όταν ψηθούν οι γαρίδες, αφαιρέστε το σουβλάκι, μεταφέρετε σε ένα μικρό πιάτο και φέρτε το στο τραπέζι.

g) Οι επισκέπτες πρέπει να φτιάξουν τις δικές τους τοστάδες. Απλώνουμε τα τηγανισμένα φασόλια πάνω από μια τηγανισμένη tostada. Τοποθετήστε γαρίδες πάνω από αυτό και ρίξτε λίγη σάλσα και γουακαμόλε με κουτάλι πάνω από τις γαρίδες. Στη συνέχεια, προσθέστε λίγο μαρούλι, κρεμμύδι και τυρί από πάνω. Από πάνω βάζουμε μαϊντανό ή κόλιαντρο.

ΕΠΙΔΟΡΠΙΟ

69. Flan de queso

Απόδοση: 4 μερίδες

Συστατικό
- 4 Μεγάλα Αυγά
- 1 κονσέρβα (14 Οz) Συμπυκνωμένο γάλα. Γλυκασμένο
- 1 κονσέρβα (12 Οz.) Γάλα εβαπορέ
- 6 ουγγιές Τυρί κρέμα
- 1 κουταλάκι του γλυκού Εκχύλισμα βανίλιας

Κατευθύνσεις
a) Ανακατεύουμε τα αυγά, το γάλα και τη βανίλια μαζί.
b) Μαλακώνουμε το τυρί κρέμα και το ανακατεύουμε μαζί με τα υπόλοιπα υλικά.
c) Προσέξτε να μην ανακατέψετε υπερβολικά το τυρί κρέμα, διαφορετικά θα προκληθούν θύλακες αέρα στην φλάντζα.
d) Ετοιμάζουμε μια καραμέλα μαγειρεύοντας $\frac{1}{2}$ φλιτζάνι ζάχαρη σε χαμηλή φωτιά μέχρι να ρευστοποιήσει η ζάχαρη. Χρησιμοποιήστε ένα μεταλλικό δοχείο για να το κάνετε αυτό.
e) Γυρίστε αρκετή καραμέλα στο ταψί/ramekin ώστε να καλύψει τον πάτο.
f) Μόλις σφίξει η ζάχαρη, ρίξτε τη ζύμη που ετοιμάσατε στα βήματα 1 και 2 στο τηγάνι/ramekin.
g) Τοποθετήστε το τηγάνι/ramekin σε μπεν μαρί. Το τηγάνι/ramekin στο οποίο βρίσκονται τα υλικά πρέπει να βυθιστεί κατά $\frac{3}{4}$ σε νερό.
h) Ψήνουμε στους 325 βαθμούς Φαρενάιτ για περίπου $\frac{1}{2}$ ώρα. Το φλάν φτιάχνεται όταν ένα μαχαίρι/οδοντογλυφίδα που έχει τοποθετηθεί σε αυτό βγαίνει καθαρό.
i)

70. <u>Μεξικάνικη φραντζόλα κρέατος</u>

Απόδοση: 1 μερίδα

Συστατικό
- 1 λίβρα Κιμάς
- 1 Αυγό
- 1 μικρό Ψιλοκομμένο κρεμμύδι
- Σκόρδο αλάτι
- Μαϊντανός
- ½ φλιτζάνι τριμμένη φρυγανιά
- ½ φλιτζάνι Γάλα
- 1 κουταλιά της σούπας Μουστάρδα
- 2 Κύβοι βοείου κρέατος
- 1 κουταλιά της σούπας σάλτσα Worcestershire
- 5 Καρότα αλλά κατά μήκος
- 1 κονσέρβα Τοματοχυμος
- 2 μεσαία Πατάτες

Κατευθύνσεις
a) Ανακατεύουμε μαζί τον κιμά, το αβγό, το κρεμμύδι, το σκόρδο αλάτι, τον μαϊντανό, την ψίχα ψωμιού, το γάλα και τη μουστάρδα.
b) Τυλίγουμε σε αλεύρι αλεύρι με πάπρικα, αλάτι και πιπέρι. Καφέ σε ηλεκτρικό τηγάνι, ροδίζει από όλες τις πλευρές. Προσθέστε κύβους bouillon, σάλτσα Worcestershire, καρότα, χυμό ντομάτας και πατάτες.
c) Μαγειρέψτε τα σκεπασμένα όλα μαζί με το κρέας για περίπου 1 ώρα και 15 λεπτά ή μέχρι να γίνει καλά.

71. <u>Παλέτα καρπούζι</u>

Χρόνος προετοιμασίας 15 λεπτά

Συστατικά
- 4 φλιτζάνια καρπούζι κομμένο σε κύβους, χωρίς κουκούτσια
- ½ φλιτζάνι τεκίλα (Corralejo reposado)
- 3 κ.σ. Χυμός λάιμ, φρέσκος
- ½ φλιτζάνι ζάχαρη ή γλυκαντικό της επιλογής σας
- 10 κουτ. Σκόνη τσίλι Tajin

Κατευθύνσεις
a) Βάζετε στο μπλέντερ το καρπούζι, την τεκίλα, τον χυμό λάιμ και τη ζάχαρη και τα χτυπάτε μέχρι να ομογενοποιηθούν.

b) Τοποθετήστε 1 κουτ. σκόνης τσίλι στο κάτω μέρος κάθε καλουπιού φρυγανιού.

c) Ρίξτε το μείγμα καρπουζιού σε καλούπια, κουμπώστε τα καπάκια, βάλτε μπαστουνάκια από φρυγανιά και παγώστε όλη τη νύχτα.

72. Carlota de Limon

Μερίδες: 8 Μερίδες

Συστατικά
- 1 συσκευασία (16 oz.). Μεταξωτό τόφου (μαλακό)
- 1/3 φλιτζάνι γάλα αμυγδάλου, χωρίς ζάχαρη
- 1 φλιτζάνι ζάχαρη ή το αγαπημένο σας γλυκαντικό
- 1/3 φλιτζάνι χυμό λάιμ, φρέσκο
- 2 πακέτα (μανίκια) μπισκότα Vegan Maria

Κατευθύνσεις
a) Βάζουμε στο μπλέντερ το τόφου, τη ζάχαρη και το γάλα αμυγδάλου. Ενεργοποιήστε το μπλέντερ σε χαμηλή θερμοκρασία και προσθέστε το χυμό λάιμ σταδιακά, μέχρι το μείγμα να πήξει και να καλύψει το πίσω μέρος ενός κουταλιού.

b) Στρώνουμε τον πάτο ενός γυάλινου ταψιού 8×8 με λαδόκολλα, προσθέτουμε μια κρέμα λάιμ και το σκεπάζουμε με μια στρώση μπισκότα και ρίχνουμε λίγο από το μείγμα κρέμας λάιμ από πάνω. αρκετά για να τα καλύψει αλλά όχι να τα πνίξει.

c) Επαναλάβετε αυτή τη διαδικασία προσθέτοντας άλλη μια στρώση μπισκότων και στη συνέχεια σκεπάζοντάς την με την κρέμα λάιμ, επαναλαμβάνετε μέχρι να εξαντληθεί όλο το μείγμα της κρέμας λάιμ και τα μπισκότα.

d) ΜΗΝ ΠΑΤΗΣΕΤΕ ΤΑ COOKIES. Θέλετε μια καλή στρώση κρέμα λάιμ ανάμεσα στα μπισκότα και πιέζοντάς τα προς τα κάτω με σπρώξτε την κρέμα λάιμ στα πλάγια.

e) Τοποθετούμε το κέικ στο ψυγείο για τουλάχιστον 4 ώρες ή μέχρι να δέσει.

f) Αναποδογυρίζουμε το ταψί σε ένα πιάτο. Ξεφλουδίστε προσεκτικά την περγαμηνή.

73. Μανγκό και σαμούι

Μερίδες: 2 μερίδες

Συστατικά

Chamoy
- 1 φλιτζάνι αποξηραμένα βερίκοκα
- 2 φλιτζάνια νερό
- 2-3 κ.σ. Σκόνη αντσο της Χιλής
- 2 κ.σ. Χυμός λάιμ, φρέσκος

Slushie
- 1 φλιτζάνι + 2 κ.σ. Μάνγκο, κομμένο σε κύβους
- 1 φλιτζάνι πάγο
- 6 κ.σ. Chamoy
- 1 λάιμ, χυμός από
- Σκόνη Χιλής για γεύση (ταζίν)

Κατευθύνσεις

a) Για να φτιάξετε το σαμούι, βάζετε τα αποξηραμένα βερίκοκα και το νερό σε μια κατσαρόλα και το αφήνετε να πάρει μια βράση. Χαμηλώνουμε τη φωτιά και σιγοβράζουμε για 30 λεπτά. Αφήνω στην άκρη.

b) Κρατήστε ¾ του φλιτζανιού από το υγρό μαγειρέματος βερίκοκου.

c) Παίρνετε τα σιγομαγειρεμένα βερίκοκα, το δεσμευμένο μαγειρικό υγρό, τη σκόνη ancho chile, το χυμό λάιμ και ανακατεύετε μέχρι να ομογενοποιηθούν. Προσθέστε περισσότερο ή λιγότερο νερό για πιο αραιή ή παχύρρευστη σύσταση. (Το δικό μου το άφησα λίγο στη χοντρή πλευρά.) Αφήνουμε να κρυώσει.

d) Για να γίνει λασπώδες, τοποθετήστε ½ φλιτζάνι μάνγκο στον πάτο του δοχείου του μπλέντερ, προσθέστε μια στρώση πάγου, συνεχίστε να εναλλάσσετε τις στρώσεις με αυτόν τον τρόπο με τον υπόλοιπο πάγο σας και 1 φλιτζάνι μάνγκο.

e) Ανακατεύουμε σε μέτρια ταχύτητα μέχρι να έχουμε μια λεία υφή. Τα κομμάτια του πάγου, αν και μικρά, πρέπει να φαίνονται ακόμα.

f) Για να συναρμολογηθεί, βάλτε τα σε ποτήρια και ρίξτε μέσα μια κ.σ. σαμούι στο κάτω μέρος του καθενός. Προσθέστε μια στρώση λάσπης μάνγκο, ακολουθούμενη από άλλη μια κουταλιά της σούπας. του σαμουά. Επαναλάβετε άλλη μια φορά.

g) Πασπαλίζουμε 1 κ.γ. μάνγκο κομμένο σε κύβους στην κορυφή κάθε τελειωμένου λασπωμένου. Στύψτε μισό λάιμ σε κάθε ποτήρι και προσθέστε όση σκόνη τσίλι θέλετε. Σερβίρουμε με ένα κουτάλι και ένα καλαμάκι.

1.

74. <u>Μους σοκολάτας</u>

Περίπου 10 μερίδες τετάρτου φλιτζανιού

Συστατικά
- 1 κιλό μεταξωτό ή μαλακό τόφου
- 1 κουταλάκι του γλυκού εκχύλισμα βανίλιας
- 1 κουταλιά της σούπας μέλι
- 3/4 κουταλάκι του γλυκού σκόνη αγνού τσίλι 1/8 κουταλάκι του γλυκού αλάτι
- 1/4 γεμάτη κουταλάκι του γλυκού κανέλα
- 5-1/4 ουγκιές μαύρη σοκολάτα κομμένη σε πολύ μικρά κομμάτια
- 3 κουταλιές της σούπας Kahlua, Grand Marnier, υποκατάστατο Cointreau ή τριπλό δευτερόλεπτο ή χυμός πορτοκαλιού

Κατευθύνσεις
a) Βάλτε το τόφου, τη βανίλια, το μέλι, τη σκόνη τσίλι, το αλάτι και την κανέλα στο μπολ ενός επεξεργαστή τροφίμων με τη λεπίδα από χάλυβα.
b) Τοποθετήστε ένα μπολ από ανοξείδωτο χάλυβα πάνω από μια μικρή έως μέτρια κατσαρόλα με νερό που σιγοβράζει. Προσθέτουμε στην κατσαρόλα τη σοκολάτα και το λικέρ ή το χυμό πορτοκαλιού και ανακατεύουμε συχνά με ξύλινη κουτάλα μέχρι να λιώσει τελείως η σοκολάτα, 1-2 λεπτά.
c) Προσθέστε το μείγμα σοκολάτας στον επεξεργαστή τροφίμων και επεξεργαστείτε με τα άλλα υλικά για 1 λεπτό, σταματώντας όσο χρειάζεται για να ξύσετε τα πλαϊνά του μπολ. Ρίξτε το μείγμα σε ένα μεγάλο μπολ ή σε ξεχωριστά μικρά πιάτα σερβιρίσματος.

d) Σκεπάζουμε με πλαστική μεμβράνη και αφήνουμε να κρυώσει για αρκετές ώρες.

75.   **Μπανάνες και μανταρίνι με σάλτσα βανίλιας**

4 μερίδες τετάρτου φλιτζανιού

Συστατικά

Για τη σάλτσα κρέμας
- 1/4 κουταλάκι του γλυκού κανέλα
- 2 φλιτζάνια γάλα σόγιας με γεύση βανίλια
- 1 κουταλιά της σούπας μαγειρικό λάδι
- 2 κουταλιές της σούπας νέκταρ αγαύης
- 1/2 κουταλάκι του γλυκού εκχύλισμα βανίλιας
- 1/4 κουταλάκι του γλυκού αλάτι

Να τελειώσω
- 3 φλιτζάνια μπανάνες κομμένες σε κύβους
- 1 φλιτζάνι πορτοκάλια μανταρινιού

Κατευθύνσεις

a) Φτιάξτε τη σάλτσα κρέμας. Βάλτε την κανέλα σε μια μικρή κατσαρόλα και ανακατέψτε με το γάλα σόγιας μία ή 2 κουταλιές της σούπας μέχρι να ενωθούν καλά.

b) Ανακατεύουμε σε λεπτή ροή το υπόλοιπο γάλα και προσθέτουμε το μαγειρικό λάδι. Αφήνουμε να πάρει μια βράση και σιγοβράζουμε μέχρι να πήξει στην υφή της ελαφριάς κρέμας, περίπου 10 λεπτά.

c) Τελειώστε το γλυκό. Αφήνουμε τη σάλτσα να ψηθεί ελαφρώς και την περιχύνουμε με τα κομμένα φρούτα.

76. Sorbete de Jamaica

5 μερίδες μισής κούπας

Συστατικά
- 2-1/2 φλιτζάνια αποξηραμένα φύλλα Τζαμάικας (διατίθεται σε παντοπωλεία Ισπανόφωνων)
- 1 λίτρο νερό
- 1/2 ουγγιά φρέσκο τζίντζερ, ψιλοκομμένο 1 φλιτζάνι ζάχαρη
- 1 κουταλιά της σούπας φρεσκοστυμμένο χυμό λάιμ
- 2 κουταλιές της σούπας λιμοντσέλο

Κατευθύνσεις
a) Φτιάξτε το τσάι. Τοποθετήστε τα φύλλα Τζαμάικα σε μια κατσαρόλα ή ένα μπολ, βράστε το νερό και ρίξτε το πάνω από τα φύλλα. Σκεπάζουμε και βράζουμε για 15 λεπτά. Στραγγίστε το τσάι και πετάξτε το Τζαμάικα.
b) Φτιάχνουμε τη βάση του σορμπέ. Βάλτε το τζίντζερ σε ένα μπλέντερ, προσθέστε 1 φλιτζάνι από το τσάι και ανακατέψτε μέχρι να γίνει εντελώς πουρές, 1-2 λεπτά. Προσθέστε άλλο 1-1/2 φλιτζάνι τσάι και ανακατέψτε ξανά.
c) Ρίχνουμε τη βάση του σορμπέ σε μια κατσαρόλα, προσθέτουμε τη ζάχαρη και αφήνουμε να πάρει μια βράση ανακατεύοντας να διαλυθεί η ζάχαρη. Αποσύρουμε την κατσαρόλα από τη φωτιά μόλις πάρει βράση η βάση του σορμπέ. Ρίξτε το χυμό λάιμ και κρυώστε. Ψύξτε τη βάση μέχρι να φτάσει τους 60°F.
d) Παγώνουμε το σορμπέ. Προσθέστε το λιμοντσέλο στην παγωμένη βάση και αδειάστε το σε μια παγωτομηχανή. Καταψύξτε σύμφωνα με τις οδηγίες του κατασκευαστή μέχρι να παγώσει αλλά να είναι ακόμα λασπώδης, 20-30 λεπτά.

77. **Ψητά μάνγκο**

4 μερίδες

Συστατικά
- 4 ώριμα μάνγκο
- 3 κουταλάκια του γλυκού νέκταρ αγαύης ή υποκατάστατο του μαγειρικού σπρέι ζάχαρης
- Σφήνες ασβέστη

Κατευθύνσεις
Ζεσταίνουμε ένα γκριλ σε δυνατή φωτιά ή ζεσταίνουμε ένα τηγάνι γκριλ σε δυνατή φωτιά.
a) Κόψτε τα μάνγκο σε φέτες. Είναι πάντα δύσκολο να γνωρίζουμε πού ακριβώς βρίσκονται οι σπόροι μάνγκο, επομένως η δοκιμή και το λάθος είναι η καλύτερη λύση. Ο στόχος είναι να κόψετε το μάνγκο σε κομμάτια όσο το δυνατόν μεγαλύτερα που δεν περιλαμβάνουν τον σπόρο. Τοποθετήστε ένα μάνγκο στο πλάι του και κόψτε το στη μέση, από το κέντρο, για να λείψει ο σπόρος.
b) Κόψτε τις άλλες τρεις πλευρές του μάνγκο με τον ίδιο τρόπο. Στη συνέχεια, τυλίξτε τα φρούτα σε τετράγωνα περίπου 1/2 ίντσας.
c) Κόβοντας το φρούτο μόνο στο δέρμα αλλά όχι μέσα από αυτό. Κάντε τις τομές σε απόσταση μισής ίντσας μεταξύ τους πηγαίνοντας προς τη μία κατεύθυνση και μετά κάντε το ίδιο με τον άλλο τρόπο για να δημιουργήσετε το σχέδιο με διασταύρωση.
d) Ετοιμάστε τα μάνγκο σε φέτες. Αλείψτε λίγο νέκταρ αγαύης στις κομμένες επιφάνειες κάθε μάνγκο και στη συνέχεια ψεκάστε με λίγο μαγειρικό σπρέι.

e) Ψήστε τα μάνγκο στη σχάρα, με τη σάρκα προς τα κάτω, για ένα ή 2 λεπτά, ή απλώς μέχρι να μαραθούν με σημάδια από τη σχάρα, αλλά μην τα ψήσετε μέχρι να μαλακώσουν και να ζεσταθούν εντελώς.

f) Η διατήρηση της σταθερής υφής και της αντίθεσης μεταξύ της ζεστής επιφάνειας και του πιο ψυχρού εσωτερικού είναι σημαντική.

g) Σερβίρουμε τα μάνγκο με τις φέτες λάιμ.

78. Γρήγορη πουτίγκα φρούτων

4 μερίδες

Συστατικά

- 2 μπανάνες, ξεφλουδισμένες, κομμένες σε γύρους 1/2 ίντσας και παγωμένες σε ένα φύλλο αλουμινόχαρτου
- 3 φλιτζάνια μάνγκο καθαρισμένο και ψιλοκομμένο ή άλλο φρούτο
- 2 κουταλιές της σούπας φρεσκοστυμμένο χυμό λάιμ
- 2 κουταλάκια του γλυκού νέκταρ αγαύης
- 1/8 κουταλάκι του γλυκού αλάτι
- φύλλα μέντας

Κατευθύνσεις

a) Βάλτε όλα τα υλικά στο μπολ του επεξεργαστή τροφίμων με τη λεπίδα από χάλυβα ή στο μπλέντερ και τα επεξεργαστείτε μέχρι να ρευστοποιηθούν, να ομογενοποιηθούν και να γίνουν κρεμώδη.

b) Γαρνίρουμε με το δυόσμο.

79.   **Ψητές μπανάνες σε σάλτσα καρύδας**

4 μερίδες

Συστατικά
- 1/2 φλιτζάνι γάλα καρύδας lite
- 2 κουταλιές της σούπας νέκταρ αγαύης
- 1 κουταλιά της σούπας νερό
- 4 μπανάνες καθαρισμένες

Κατευθύνσεις
a) Φτιάξτε τη σάλτσα καρύδας. Βάζουμε το γάλα καρύδας και το νέκταρ αγαύης να σιγοβράσουν σε μια μικρή κατσαρόλα.
b) Ψήστε τις μπανάνες στη σχάρα και σερβίρετε. Ζεσταίνουμε μια σχάρα ή τηγάνι γκριλ σε υψηλή θερμοκρασία.
c) Αλείψτε τις μπανάνες με λίγη από τη σάλτσα καρύδας, κρατώντας την υπόλοιπη, και ψήστε τις και από τις δύο πλευρές μέχρι να έχουν σημάδια από τη σχάρα και μόλις αρχίσουν να μαλακώνουν. Μην τα παραψήσετε γιατί θα χαλάσουν.
d) Σερβίρετε τις μπανάνες με λίγη ακόμη σάλτσα.

80. <u>Σορμπέ μάνγκο</u>

8 μερίδες τρίτης κούπας

Συστατικά
- 2-1/2 φλιτζάνια μάνγκο καθαρισμένα, ξεσποριασμένα και ψιλοκομμένα
- 3-1/2 κουταλιές της σούπας ζάχαρη
- Σαρώστε 2/3 φλιτζάνι νερό
- 1/2 κουταλάκι του γλυκού κανέλα
- 1/2 κουταλάκι του γλυκού αλεσμένο μπαχάρι
- 1 κουταλιά της σούπας λιμοντσέλο

Κατευθύνσεις
a) Ανακατεύουμε όλα τα υλικά μέχρι να γίνουν πουρές.

b) Ρίξτε τον πουρέ σε μια παγωτομηχανή και παγώστε σύμφωνα με τις οδηγίες του κατασκευαστή.

c) Συνήθως διαρκεί από 15 έως 20 λεπτά.

81. <u>Φλαν</u>

6 μερίδες τεσσάρων ουγγιών

Συστατικά
- 1 φλιτζάνι γάλα εβαπορέ χωρίς λιπαρά
- 1 φλιτζάνι γάλα 2%.
- 1/4 φλιτζάνι συμπυκνωμένο γάλα χωρίς λιπαρά
- 1 κουταλάκι του γλυκού εκχύλισμα βανίλιας
- 2 μεγάλα αυγά
- 4 ασπράδια από μεγάλα αυγά
- σπρέι μαγειρικής
- 6 κουταλάκια του γλυκού νέκταρ αγαύης

Κατευθύνσεις
a) Προθερμάνετε το φούρνο σας στους 325°F.
b) Φτιάξτε τη βάση της φλας. Συνδυάστε τα υλικά, εκτός από το μαγειρικό σπρέι και το νέκταρ αγαύης, στο μπλέντερ και ανακατέψτε μέχρι να ομογενοποιηθούν, περίπου 1 λεπτό.
c) Προετοιμάστε την πλάκα για ψήσιμο. Ψεκάστε έξι ραμεκίν 4 ουγκιών που είναι ασφαλείς για το φούρνο με λίγο σπρέι μαγειρέματος και τοποθετήστε τα σε ένα ταψί στο οποίο εφαρμόζουν αρκετά σφιχτά. Γεμίστε τα ramekins σε απόσταση 1/4 ίντσας από την κορυφή με τη βάση. Ρίξτε αρκετό πολύ ζεστό νερό βρύσης στο ταψί για να ανέβει στα μισά τα πλαϊνά των ραμεκινών.
d) Ψήνετε το φλάν. Βάλτε το ταψί με τα γεμιστά ραμεκίν στο φούρνο για 40 λεπτά ή μέχρι να σταθεροποιηθούν και να σφίξουν οι πλάκες. Βγάζετε το ταψί από το φούρνο και τα ραμεκίν από το ταψί.

e) Αφήνουμε τις πλάκες να κρυώσουν, τις σκεπάζουμε με πλαστική μεμβράνη και τις βάζουμε στο ψυγείο μέχρι να κρυώσουν. Σερβίρετε κάθε φύλλο με 1 κουταλάκι του γλυκού νέκταρ αγαύης.

ΣΥΝΘΗΚΕΣ

82. Σάλτσα κόλιανδρου

Απόδοση: 3 φλιτζάνια

Συστατικό
- 2 μεσαία Κρεμμύδι(α), κομμένο στα τέσσερα
- 5 Περιχειρίδα(ες) σκόρδου
- 1 πράσινη πιπεριά,
- Ξεφλουδισμένο, σπόρο, κομμένο σε κύβους
- 12 πιπεριές Cachucha
- Μίσχος και σπόρος ή
- 3 κουταλιές της σούπας Κόκκινη πιπεριά κομμένη σε κύβους
- 1 ματσάκι κόλιαντρο
- Πλένεται και έχει μίσχο
- 5 C i l a ntro φεύγει
- 1 κουταλάκι του γλυκού Αποξηραμένη ρίγανη
- 1 κούπα Εξτρα παρθένο ελαιόλαδο
- ½ φλιτζάνι Ξύδι από κόκκινο κρασί
- Αλατοπίπερο

Κατευθύνσεις
a) Πολτοποιήστε τα κρεμμύδια, το σκόρδο, τις πιπεριές, τον κόλιαντρο και τη ρίγανη σε έναν επεξεργαστή τροφίμων. Προσθέστε το ελαιόλαδο, το ξύδι, αλάτι και πιπέρι και πολτοποιήστε μέχρι να ομογενοποιηθούν.
b) Διορθώστε το καρύκευμα, προσθέτοντας περισσότερο αλάτι ή ξύδι για γεύση.
c) Μεταφέρετε τη σάλτσα σε καθαρά γυάλινα βάζα. Στο ψυγείο, θα διατηρηθεί για αρκετές εβδομάδες.

83. Μεξικάνικη σκόνη adobo

Απόδοση: 1 φλιτζάνι

Συστατικό
- 6 κουταλιές της σούπας Αλάτι kosher
- 2 κουταλιές της σούπας άσπρο πιπέρι
- 2 κουταλιές της σούπας Σπόρους κύμινου
- 2 κουταλιές της σούπας Σκόνη σκόρδου

Κατευθύνσεις
a) Συνδυάστε το αλάτι, τους κόκκους πιπεριού και τους σπόρους κύμινου σε ένα στεγνό τηγάνι και μαγειρέψτε σε μέτρια φωτιά μέχρι τα μπαχαρικά να ψηθούν ελαφρά και να μυρίσουν, περίπου 3 λεπτά. Μεταφέρετε το μείγμα σε ένα μπολ να κρυώσει.

b) Συνδυάστε το καβουρδισμένο μείγμα μπαχαρικών και τη σκόνη σκόρδου σε ένα μύλο μπαχαρικών και αλέστε σε λεπτή σκόνη.

c) Αποθήκευσε σε ένα αεροστεγές δοχείο; θα διατηρηθεί για αρκετούς μήνες.

84. Μεξικάνικο πράσινο σοφρίτο

Απόδοση: 1 φλιτζάνι

Συστατικό
- 2 κουταλιές της σούπας ελαιόλαδο
- 1 μικρό Κρεμμύδι(α)
- Ψιλοκομμένο (1/2 φλ.)
- 1 ματσάκι Κρεμμυδάκια κομμένα
- Ψιλοκομμένο
- 4 Νύχι(α) σκόρδου, ψιλοκομμένο
- 1 Πράσινη πιπεριά
- Πυρήνα, σπόροι
- Ψιλοκομμένο
- ¼ φλιτζάνι κόλιαντρο, ψιλοκομμένο
- 4 Ο Κουλέντρο φεύγει
- ψιλοκομμένο (προαιρετικά)
- ½ κουταλάκι του γλυκού Αλάτι ή για γεύση
- Μαύρο πιπέρι για γεύση

Κατευθύνσεις
a) Ζεσταίνουμε το ελαιόλαδο σε ένα αντικολλητικό τηγάνι. Προσθέστε τα κρεμμύδια, το κρεμμύδι, το σκόρδο και την πιπεριά.
b) Μαγειρέψτε σε μέτρια φωτιά μέχρι να μαλακώσει και να γίνει ημιδιαφανές αλλά όχι καφέ, περίπου 5 λεπτά, ανακατεύοντας με μια ξύλινη κουτάλα.
c) Προσθέστε τον κόλιανδρο, τον μαϊντανό, αλάτι και πιπέρι. μαγειρέψτε το μείγμα για ένα ή δύο λεπτά ακόμη. Διορθώνουμε το καρύκευμα, προσθέτουμε αλάτι και πιπέρι κατά βούληση.

d) Μεταφέρετε σε καθαρό γυάλινο βάζο. Στο ψυγείο, θα διατηρηθεί έως και 1 εβδομάδα.

85. Τρίψιμο χοιρινού σε μεξικάνικο στυλ

Απόδοση: 1 μερίδα

Συστατικό
- 2 κουταλιές της σούπας κύμινο; έδαφος
- 2 κουταλιές της σούπας Σκόρδο; κιμάς
- 2 κουταλιές της σούπας Κολιάντρο; φρέσκο, χοντροκομμένο
- 2 κουταλιές της σούπας μαύρο πιπέρι; φρεσκοσπασμένος
- 2 κουταλιές της σούπας Αλας
- 2 κουταλιές της σούπας λευκό ξύδι
- 2 κουταλιές της σούπας κίτρινη μουστάρδα
- 2 κουταλιές της σούπας πιπεριά χαλεπίνο; κιμάς
- 2 κουταλιές της σούπας ελαιόλαδο

Κατευθύνσεις
a) Ανακατεύουμε όλα τα υλικά και ανακατεύουμε καλά. Χρήση εντός δύο ημερών από την προετοιμασία.
b) Τρίψτε το χοιρινό πισινό με μείγμα μπαχαρικών και καπνίστε για 1½ ώρα ανά κιλό στους 240-250 F.

86.   ντιπ λαχανικών

Απόδοση: 12 μερίδες

Συστατικό
- 1 κούπα Μαγιονέζα
- 1 κούπα Κρέμα γάλακτος
- ¼ κουταλάκι του γλυκού Σκόνη σκόρδου
- 1 κουταλάκι του γλυκού Νιφάδες μαϊντανού
- 1 κουταλάκι του γλυκού Καρυκευμένο αλάτι
- 1 ½ κουταλάκι του γλυκού Σπόρος άνηθου

Κατευθύνσεις
a) Ανακατεύουμε όλα τα υλικά και κρυώνουμε. Καλύτερα φτιαγμένη μέρα μπροστά.

b) Σερβίρετε με ωμά λαχανικά: σέλινο, καρότα, αγγούρια, πιπεριές, κουνουπίδι κ.λπ.

87. <u>Βουτιά Βαγιάρτα</u>

Απόδοση: 16 μερίδες

Συστατικό

- 6 ½ ουγγιά Κονσερβοποιημένος τόνος - στραγγισμένος
- 1 Πράσινο κρεμμύδι -- κομμένο σε φέτες
- 3 κουταλιές της σούπας Ζεστή σάλσα της Χιλής
- 4 κουταλιές της σούπας Μαγιονέζα
- 8 Κλαδιά κόλιαντρο, ή για γεύση
- Χυμό λεμονιού ή λάιμ
- Αλάτι για γεύση
- Τσιπς τορτίγιας

Κατευθύνσεις

a) Σε ένα μπολ ανακατεύουμε τον τόνο, το κρεμμύδι, τη σάλσα, τη μαγιονέζα και τον κόλιανδρο. Καρυκεύστε κατά βούληση με χυμό λεμονιού και αλάτι. προσαρμόστε άλλα καρυκεύματα ανάλογα με τη γεύση. Σερβίρουμε με πατατάκια.

b) Κόψτε το πράσινο κρεμμύδι σε μήκη 1 ίντσας και βάλτε τον σε επεξεργαστή εφοδιασμένο με ατσάλινη λεπίδα. Προσθέστε τα κλωνάρια κόλιανδρου και επεξεργαστείτε για 3 έως 5 δευτερόλεπτα. Προσθέστε τόνο, σάλσα, μαγιονέζα, χυμό λεμονιού και αλάτι. παλμό μερικές φορές για να συνδυαστούν.

c) Γευτείτε, προσαρμόστε τα καρυκεύματα και σφύξτε μία ή δύο φορές περισσότερο.

d) Βγάζουμε από το ψυγείο περίπου 30 λεπτά πριν το σερβίρουμε.

88. <u>Καρύκευμα τάκο</u>

Κάνει 1/3 φλ

Συστατικά

- Ξηρό ξύσμα από 1 λάιμ (προαιρετικά)
- 2 κουταλιές της σούπας τσίλι σε σκόνη
- 1 κουταλιά της σούπας αλεσμένο κύμινο
- 2 κουταλάκια του γλυκού ψιλό θαλασσινό αλάτι
- 2 κουταλάκια του γλυκού αλεσμένο κόλιανδρο
- 1 κουταλάκι του γλυκού πάπρικα
- 1/2 κουταλάκι του γλυκού φρεσκοτριμμένο πιπέρι
- 1/8 κουταλάκι του γλυκού πιπέρι καγιέν (προαιρετικά)

Κατευθύνσεις

a) Αυτό είναι ένα προαιρετικό αλλά νόστιμο βήμα, γι' αυτό το προτείνω — ξύσμα 1 λάιμ. Τοποθετήστε το ξύσμα είτε σε ένα μικρό πιάτο σε ένα ηλιόλουστο περβάζι, στεγνώστε σε έναν αφυγραντήρα ή σε φούρνο που έχει θερμανθεί στους 175°F για περίπου 10-15 λεπτά μέχρι να φύγει όλη η υγρασία.

b) Ρίχνουμε όλα τα υλικά σε ένα μπολ μέχρι να ανακατευτούν καλά.

c) Φυλάσσετε σε δροσερό, σκοτεινό μέρος σε αεροστεγές γυάλινο δοχείο.

89. Σάλσα φρέσκιας ντομάτας-καλαμποκιού

ΚΑΝΕΙ ΠΕΡΙΠΟΥ 2/31 ΚΟΥΠ

Συστατικά
- Συσκευασία 6,10 ουγκιών κατεψυγμένο καλαμπόκι ή
- 4 στάχυα φρέσκο καλαμπόκι, κομμένα από το στάχυ
- 1 μεγάλη ώριμη ντομάτα, κομμένη σε κύβους
- 1/2 μέτριο κόκκινο κρεμμύδι, κομμένο σε μικρά κυβάκια
- 1 πιπεριά jalapeño, ξεσποριασμένη και κομμένη σε κύβους
- 3 κουταλιές της σούπας ξύδι βαλσάμικο
- 2 κουταλιές της σούπας φρέσκο βασιλικό ψιλοκομμένο
- 2 κουταλιές της σούπας φρέσκο κόλιανδρο ψιλοκομμένο
- Θαλασσινό αλάτι για γεύση

Κατευθύνσεις
a) Συνδυάστε τα πάντα σε ένα μεγάλο μπολ και ανακατέψτε καλά.

b) Αφήστε το να καθίσει για 1 ώρα σε θερμοκρασία δωματίου ή στο ψυγείο για να παντρευτούν οι γεύσεις.

90. <u>Λευκό φασόλι Guacamole</u>

Κάνει περίπου 3 φλιτζάνια

Συστατικά

- 2 ελαφρώς συσκευασμένα φλιτζάνια ώριμο αβοκάντο χοντροκομμένο/κομμένο σε φέτες
- 1 φλιτζάνι λευκά φασόλια 1/2 κουταλάκι του γλυκού θαλασσινό αλάτι
- 2-21/2 κουταλιές της σούπας χυμό λεμονιού
- Νερό, για να αραιώσει κατά βούληση

Κατευθύνσεις

a) Τοποθετήστε το αβοκάντο, τα λευκά φασόλια, το θαλασσινό αλάτι, το χυμό λεμονιού και το νερό σε έναν επεξεργαστή τροφίμων ή στο μπλέντερ και ανακατέψτε μέχρι να ομογενοποιηθούν.

b) Αλατοπιπερώστε κατά βούληση με επιπλέον αλάτι και/ή χυμό λεμονιού.

ПОТО

91. Χαμηλές Θερμίδες Smoothie Κάκτου

1-2 μερίδες

Συστατικά
- 1/2 φλιτζάνι καθαρισμένα και κομμένα κομμάτια κουπιών κάκτων
- 1 φλιτζάνι χυμό πορτοκαλιού, χυμό ροδιού ή άλλη μια μικρή χούφτα χυμό πάγου

Κατευθύνσεις
α) Ξεπλύνετε καλά τα κομμάτια του κάκτου κάτω από κρύο τρεχούμενο νερό και βάλτε τα και το χυμό και τον πάγο σε ένα μπλέντερ.
b) Ανακατεύουμε μέχρι να ρευστοποιηθεί καλά, 1-2 λεπτά.

92. Ατόλε

4 μερίδες

Συστατικά
- 1/2 φλιτζάνι αλεύρι
- 1/4 κουταλάκι του γλυκού αλεσμένη κανέλα
- 1/8 κουταλάκι του γλυκού αλάτι
- 5 φλιτζάνια άπαχο γάλα ή νερό
- 4 κουταλιές της σούπας νέκταρ αγαύης
- 1 κουταλάκι του γλυκού εκχύλισμα βανίλιας

Κατευθύνσεις
a) Σε μια μεγάλη κατσαρόλα βάζουμε το αλεύρι με την κανέλα και το αλάτι.

b) Ανακατεύουμε σιγά σιγά το γάλα ή το νερό μέχρι να διαλυθεί τελείως το αλεύρι.

c) Προσθέτουμε το νέκταρ αγαύης και τη βανίλια, αφήνουμε να πάρει μια βράση και βράζουμε σε χαμηλή φωτιά για 5 λεπτά, ανακατεύοντας συνεχώς για να μην σβολιάσει και κολλήσει στον πάτο της κατσαρόλας.

93. Champurrado

4 μερίδες

Συστατικά
- Ατόλε
- 2 ουγγιές σοκολάτα 70% περιεκτικότητας σε κακάο

Κατευθύνσεις

a) Προσθέστε τη σοκολάτα στο Atole αφού σιγοβράσει για 4 λεπτά.

b) Μαγειρέψτε για 1 λεπτό ακόμα, ανακατεύοντας μέχρι να λιώσει η σοκολάτα.

94. Aguas Frescas

4 μερίδες

Συστατικά
- 2 φλιτζάνια φρέσκα φρούτα
- 1-2 κουταλιές της σούπας φρεσκοστυμμένο χυμό λάιμ 2 φλιτζάνια νερό
- 2-4 κουταλιές της σούπας νέκταρ αγαύης ή ένα υποκατάστατο ζάχαρης 1 φλιτζάνι τριμμένο πάγο

Κατευθύνσεις
a) Πολτοποιήστε τα φρούτα, το χυμό λάιμ, το νερό και το νέκταρ αγαύης στο μπλέντερ.
b) Σουρώνουμε σε μια κανάτα και προσθέτουμε τον πάγο.

95. Horchata de Melón

Περίπου 4 μερίδες δώδεκα ουγγιών

Συστατικά
- 2 κουταλιές της σούπας φρεσκοστυμμένο χυμό λάιμ (προαιρετικά)
- 1 ώριμο πεπόνι, περίπου 2 λίβρες, που αποδίδει περίπου 1 κιλό αγνό φρούτο και σπόρους, 2-1/2 φλιτζάνια
- 2-1/2 φλιτζάνια νερό
- 2 κουταλιές της σούπας νέκταρ αγαύης ή υποκατάστατο ζάχαρης (προαιρετικά)
- 1/2 κουταλάκι του γλυκού εκχύλισμα βανίλιας

Κατευθύνσεις
a) Βάλτε το χυμό λάιμ, αν χρησιμοποιείτε, 1 φλιτζάνι νερό, και τα φρούτα και τους σπόρους στο μπλέντερ και πολτοποιήστε. Προσθέστε το υπόλοιπο νερό, το γλυκαντικό, αν χρησιμοποιείτε, και τη βανίλια και ανακατέψτε να ανακατευτούν καλά.
b) Στραγγίστε το Horchata σε μια κανάτα και αφήστε το να κρυώσει ή σερβίρετε πάνω από πάγο.

96. Σανγκρίτα

Περίπου 3 φλιτζάνια

Συστατικά
- 2 μεσαίου μεγέθους τσίλι αντσό, φρυγανισμένα και ενυδατωμένα
- 2-1/2 φλιτζάνια φρέσκο χυμό πορτοκαλιού
- 3-1/2 κουταλιές της σούπας γρεναδίνη
- 1 κουταλάκι του γλυκού αλάτι

Κατευθύνσεις
a) Βάζουμε όλα τα υλικά στο μπλέντερ και τα κάνουμε πουρέ.
b) Σουρώνετε και κρυώνετε το μείγμα πριν το σερβίρετε.

97. Αυγολέμονο καρύδας

Απόδοση: 1 μερίδα

Συστατικό
- 13/16-τεταρτημ Ελαφρύ μεξικάνικο ρούμι
- Ξεφλουδίστε από 2 λάιμ? (βαθμολογημένο)
- 6 Κρόκοι αυγών
- 1 κονσέρβα Γλυκό συμπυκνωμένο γάλα
- 2 κουτάκια (μεγάλο) γάλα εβαπορέ
- 2 κουτάκια Κρέμα καρύδας? (όπως η Coco Lopez)
- 6 ουγγιές Τζιν

Κατευθύνσεις
a) Ανακατεύουμε το μισό ρούμι με τη φλούδα λάιμ στο μπλέντερ σε δυνατή ταχύτητα για 2 λεπτά.
b) Σούρωσε και βάλε σε ένα μεγάλο μπολ. Προσθέστε το υπόλοιπο ρούμι.
c) Στο μπλέντερ ανακατεύουμε τους κρόκους των αυγών, τα δύο γάλα και το τζιν μέχρι να αναμειχθούν καλά.
d) Ρίξτε τα $\frac{3}{4}$ αυτού του μείγματος σε μπολ με ρούμι. Ανακατεύουμε το υπόλοιπο με την κρέμα καρύδας και ανακατεύουμε καλά. προσθέτουμε στο μείγμα με το ρούμι, ανακατεύουμε καλά και βάζουμε στο ψυγείο.

98. Μεξικάνικο αυγολέμονο

Απόδοση: 16 μερίδες

Συστατικό
- 2 φλιτζάνια νερό
- 8 ξυλάκια κανέλας
- 6 μεγάλοι κρόκοι αυγών
- 3 (12 oz.) κουτιά εβαπορέ
- 1 Φλιτζάνι Γάλα
- 2 Κονσέρβες γάλα καρύδας
- 3 (14 oz.) κουτάκια ζαχαρωμένα
- 1 φλιτζάνι γάλα συμπυκνωμένο
- 3 φλιτζάνια λευκό ρούμι

Κατευθύνσεις
a) Σε μια κατσαρόλα 2 λίτρων, ζεσταίνουμε το νερό και τα ξυλάκια κανέλας να βράσουν σε δυνατή φωτιά. Μειώστε τη φωτιά σε μέτρια και μαγειρέψτε μέχρι να μειωθούν τα υγρά σε ένα φλιτζάνι. Αφαιρέστε τα ξυλάκια κανέλας και αφήστε το υγρό στην άκρη να κρυώσει σε θερμοκρασία δωματίου.
b) Σε μια κατσαρόλα 3 λίτρων με ένα σύρμα χτυπάμε τους κρόκους των αυγών και το γάλα εβαπορέ μέχρι να ανακατευτούν καλά.
c) Μαγειρέψτε σε χαμηλή φωτιά, ανακατεύοντας συνεχώς μέχρι το μείγμα να πήξει και να καλύψει ένα κουτάλι - περίπου 10 λεπτά.
d) Αφήνω στην άκρη.
e) Όταν κρυώσει το υγρό με γεύση κανέλα, ανακατέψτε το γάλα καρύδας, μέχρι να αναμειχθεί καλά.
f) Στο μπολ σερβιρίσματος, συνδυάστε το μείγμα καρύδας, το μείγμα κρόκων, το ζαχαρούχο γάλα και το ρούμι. Ψύξτε καλά και σερβίρετε.

99. Μεξικάνικο μοχίτο

Απόδοση: 2 φλιτζάνια

Συστατικό
- 6 Aji dulce πιπεριές ή
- 1½ κ.γ Κόκκινη πιπεριά, κομμένη σε κύβους
- ½ Πράσινη πιπεριά, κομμένη σε κύβους
- 5 Περιχειρίδα(ες) σκόρδου
- Χορτοκομμένο
- 2 Σαλότ, χοντροκομμένο
- 1 Ντομάτα
- Ξεφλουδισμένο και με σπόρους
- 1½ κ.γ Κάπαρη, στραγγισμένη
- 1 ½ κουταλάκι του γλυκού Αποξηραμένη ρίγανη
- ½ φλιτζάνι Φύλλα κόλιαντρο
- Πλένεται και έχει μίσχο
- ¼ φλιτζάνι τοματοπολτός
- 2 κουταλιές της σούπας Εξτρα παρθένο ελαιόλαδο
- 1 κουταλιά της σούπας χυμός λάιμ
- Αλάτι και πιπέρι για να γευτείς

Κατευθύνσεις
a) Παραδοσιακά σερβίρεται ως σάλτσα για τσιπς και τηγανητά πολτοποιημένα πράσινα πλατάνια. Είναι επίσης εξαιρετικό για να βυθίζετε τσιπς τορτίγιας και κάνει μια ωραία σάλτσα κοκτέιλ για γαρίδες και άλλα θαλασσινά.
b) Συνδυάστε τις πιπεριές, το σκόρδο, τα ασκαλώνια, την ντομάτα, την κάπαρη, τη ρίγανη και τον κόλιαντρο σε έναν επεξεργαστή τροφίμων και αλέστε σε ένα λείο πουρέ. Δουλέψτε με τον πελτέ ντομάτας, το ελαιόλαδο, τον χυμό λάιμ και το αλατοπίπερο.

c) Μεταφέρετε σε ένα καθαρό βάζο με μη αντιδραστικό καπάκι. Στο ψυγείο, θα διατηρηθεί για 1 εβδομάδα.

100. Καπουτσίνο μεξικάνικο ρούμι

Απόδοση: 1 μερίδα

Συστατικό
- 1 ½ ουγγιά σκούρο ρούμι
- 1 κουταλάκι του γλυκού Ζάχαρη
- Ζεστός δυνατός καφές
- Παστεριωμένο γάλα
- Σαντιγύ
- Κανέλα

Κατευθύνσεις
a) Συνδυάστε το ρούμι και τη ζάχαρη σε μια κούπα.
b) Προσθέστε ίσα μέρη καφέ και γάλα.
c) Από πάνω ρίχνουμε κρέμα και κανέλα.

ΣΥΜΠΕΡΑΣΜΑ

Καθώς φτάνουμε στο τέλος του γαστρονομικού μας ταξιδιού μέσα από την κουζίνα του Tex-Mex, ελπίζουμε ότι το "Ζουζάρισμα Τεξ-Μεξ: A Culinary Journey through Southwestern Flavors" έχει πυροδοτήσει το πάθος για αυτό το ζωντανό και νόστιμο στυλ μαγειρικής. Σε όλο αυτό το βιβλίο μαγειρικής, μοιραστήκαμε την αγάπη μας για τις τολμηρές και πικάντικες γεύσεις που καθορίζουν το Tex-Mex και ελπίζουμε να απολαύσατε την εξερεύνηση της ποικιλίας των συνταγών και των τεχνικών που παρουσιάζονται.

Η κουζίνα του Tex-Mex δεν αφορά μόνο το φαγητό. Είναι μια γιορτή του πολιτισμού, της ιστορίας και του ζωντανού πνεύματος της Νοτιοδυτικής Αμερικής. Αγκαλιάζοντας τη συγχώνευση των γαστρονομικών παραδόσεων του Τεξανού και του Μεξικού, δημιουργήσαμε μια μοναδική και ακαταμάχητη γαστρονομική ταπετσαρία που έχει συναρπάσει τους γευστικούς κάλυκες σε όλο τον κόσμο. Ελπίζουμε ότι αυτό το βιβλίο μαγειρικής σας επέτρεψε να γνωρίσετε την πλούσια πολιτιστική κληρονομιά και τις γεύσεις αυτής της εξαιρετικής κουζίνας.

Σας ενθαρρύνουμε να συνεχίσετε να πειραματίζεστε με συνταγές Tex-Mex, χρησιμοποιώντας ως βάση τις γνώσεις και τις δεξιότητες που αποκτήθηκαν από αυτό το βιβλίο μαγειρικής. Μην φοβάστε να προσθέσετε τις δικές σας προσωπικές πινελιές και να εξερευνήσετε νέες γεύσεις και υλικά. Η κουζίνα του Tex-Mex είναι ευέλικτη και καλωσορίζει τη δημιουργικότητα και την ατομικότητα. Θυμηθείτε να αποδεχτείτε την κοινόχρηστη φύση του φαγητού Tex-Mex, καθώς το απολαμβάνετε καλύτερα με την οικογένεια και τους φίλους σας. Συγκεντρωθείτε γύρω από ένα τραπέζι γεμάτο με καυτερές fajitas, πικάντικες σάλσας και τραγανές τσιπς τορτίγιας και απολαύστε τη χαρά των κοινών γευμάτων και της καλής παρέας. Αφήστε τα αρώματα και τις γεύσεις να σας μεταφέρουν στα ηλιόλουστα τοπία του Τέξας και του Μεξικού και δημιουργήστε μόνιμες αναμνήσεις με κάθε μπουκιά. Ελπίζουμε ότι το "Ζουζάρισμα Τεξ-Μεξ" σας ενέπνευσε να ξεκινήσετε τις δικές σας γαστρονομικές περιπέτειες και ότι σας έδωσε τη δυνατότητα να αναδημιουργήσετε με σιγουριά τα τολμηρά και ακαταμάχητα πιάτα που κάνουν την κουζίνα του Tex-Mex τόσο αγαπητή. Σας ευχαριστούμε που ήσασταν μαζί μας σε αυτό το ταξίδι και μακάρι οι μελλοντικές γαστρονομικές σας προσπάθειες να είναι γεμάτες με τις φλογερές και νόστιμες απολαύσεις της τεξ-μεξικής κουζίνας.

¡Buen provecho!

Ingram Content Group UK Ltd.
Milton Keynes UK
UKHW020623210623
423802UK00010B/131